Grundgrammatik des Deutschen

Mit Übungen und Konversationsbeispielen

ABE Yoshinori

DOGAKUSHA

本文イラスト：高本麻美子
表紙デザイン：アップルボックス

は じ め に

　本書は，大学等でドイツ語を初めて学ぶ方を対象としたドイツ語初級文法の教科書です。初学者の方がスムーズにドイツ語の学習に入っていけるよう，次のような工夫をこらしてみました。

1）全14課で，前学期・後学期それぞれ7課ずつ学習すれば1年間でドイツ語初級文法の知識が一通り得られるようになっています。すべての課が4ページ構成（文法解説2ページ，練習問題2ページ）となるよう，説明する文法事項を厳選しました。

2）各課の最初に，その課で習う文法事項を含んだキーセンテンスを示しています。このキーセンテンスの表現（語形や語順など）を意識しつつ文法解説に進めば，より効果的に学習していただけます。各課の最後には，より実践的な会話文例も示しました。

3）練習問題のページでも，☞の箇所で追加的な文法説明を行いました。これらの追加的説明は，先行する見開き2ページの文法解説を補足するものであり，また練習問題を解く際の重要なヒントにもなっています。

4）ドイツ語の例文は短く，わかりやすいものになるよう配慮しました。しかしその一方で，例文や練習問題のドイツ語が無味乾燥なものばかりにならぬよう，ドイツ語の詩や童話・伝説，ドイツ語の諺・格言などからも可能な範囲で文を引きました。

5）音源には各課の練習問題のドイツ語作文の解答例も収録しました。作文問題を解いた後では答え合わせに利用できますし，解く前にはリスニング教材として利用できます。

　本書を使ってドイツ語を学習される方に，初めての外国語を学ぶ楽しさや達成感を少しでも多く感じていただけたら幸いです。

　2023年3月末日に定年退職されるまで富山大学の同僚であったWolfgang Zoubekさんには，在日中のみならずオーストリア帰国後も，本書のドイツ語チェックのために何度も労をお取りいただきました。心よりお礼申し上げます。

2024年春

著者

もくじ　Inhalt

Das Alphabet ◁))2

A	a	𝒜 𝒶	[á:アー]	P	p	𝒫 𝓅	[pé:ペー]
B	b	ℬ 𝒷	[bé:ベー]	Q	q	𝒬 𝓆	[kú:クー]
C	c	𝒞 𝒸	[tsé:ツェー]	R	r	ℛ 𝓇	[ér エル]
D	d	𝒟 𝒹	[dé:デー]	S	s	𝒮 𝓈	[és エス]
E	e	ℰ ℯ	[é:エー]	T	t	𝒯 𝓉	[té:テー]
F	f	ℱ 𝒻	[éf エふ]	U	u	𝒰 𝓊	[ú:ウー]
G	g	𝒢 ℊ	[gé:ゲー]	V	v	𝒱 𝓋	[fáʊ ふァオ]
H	h	ℋ 𝒽	[há:ハー]	W	w	𝒲 𝓌	[vé:ヴェー]
I	i	ℐ 𝒾	[í:イー]	X	x	𝒳 𝓍	[íks イクス]
J	j	𝒥 𝒿	[jɔ́t ヨット]	Y	y	𝒴 𝓎	[ýpsilɔn ユプスィろン]
K	k	𝒦 𝓀	[ká:カー]	Z	z	𝒵 𝓏	[tsét ツェット]
L	l	ℒ ℓ	[él エる]	Ä	ä	Ǟ ǟ	[ɛ́:エー]
M	m	ℳ 𝓂	[ém エム]	Ö	ö	Ö̈ ö̈	[ǿ:エー]
N	n	𝒩 𝓃	[én エン]	Ü	ü	Ü̈ ü̈	[ý:ユー]
O	o	𝒪 ℴ	[ó:オー]		ß	ß	[ɛs-tsét エス・ツェット]

発音　Aussprache

発音の原則　🔊3

1. ローマ字通りに読む：　　例 **Name** 名前,　**Ende**　終わり
2. アクセントは最初の母音に：　例 **óben** 上に,　**trínken** 飲む
3. アクセントのある母音は, 1つの子音字の前では長く, 2つ以上の子音字の前では短く発音する：
   例 **Brot** パン,　**haben** 持っている,　**kommen** 来る,　**Hand** 手

注意すべき発音

変母音　🔊4

ä	日本語の「エ」と同じ	**Ä**ra	時代	H**ä**lfte	半分
ö	「オ」の口で「エ」と言う	**Ö**l	油	**ö**ffnen	開ける
ü	「ウ」の口で「イ」と言う	**ü**ber	〜の上方に	H**ü**tte	小屋

二重母音　🔊5

au	［アオ］	**Au**ge	目	B**au**m	木
ei	［アイ］	**Ei**s	氷	Arb**ei**t	仕事
eu / äu	［オイ］	**Eu**ro	ユーロ	tr**äu**men	夢を見る

長母音　🔊6

ie	［イー］	t**ie**f	深い	L**ie**be	愛
母音 + **h**		B**ah**n	道	g**eh**en	行く

子音　🔊7

b / d / g　① 語末では[プ][トゥ][ク]

	lie**b**	かわいい	Lie**d**	歌	Ta**g**	日

② それ以外では[ブ][ドゥ][グ]

	Bett	ベッド	**d**anken	感謝する	Mor**g**en	朝

ch　① a, o, uの後で[ハ][ホ][フ]

	na**ch**	〜の後で	Ko**ch**	料理人	Bu**ch**	本	au**ch**	〜もまた

② それ以外の場合は[ヒ]

	i**ch**	私は	Mil**ch**	ミルク	**Ch**ina	中国

-ig	語末で[イヒ]		
	ruh**ig** 静かな	bill**ig** 安い	Kön**ig** 王
j	ヤ行の音		
	ja はい	**J**apan 日本	**j**ung 若い
qu	[クヴ]		
	Qual 苦しみ	**Qu**elle 泉	**Qu**ittung レシート
-r / -er	語末では母音化して[ア]		
	mi**r** 私に	Toch**ter** 娘	ab**er** しかし
s	① 母音の前では[ズ]		
	Sie あなたは	**s**ehr とても	**S**ohn 息子
	② それ以外では[ス]		
	da**s** これは	Ga**s**t 客	ge**s**tern 昨日
sch	[シュ]		
	schade 残念な	**sch**nell 速い	Engli**sch** 英語
sp-	語頭で[シュプ]		
	sparen 貯める	**sp**ielen （スポーツを）する, （楽器を）演奏する	
st-	語頭で[シュトゥ]		
	stark 強い	**st**ehen 立っている	**St**udent 大学生
tsch	[チュ]		
	Deu**tsch** ドイツ語	**tsch**üs バイバイ	
v	[フ]		
	Vater 父	**V**olk 国民	**v**iel たくさんの
w	[ヴ]		
	Wagen 車	**w**as 何	**w**ie どれくらい
x / chs	[クス]		
	E**x**amen 試験	Ta**x**i タクシー	Fu**chs** キツネ　wa**chs**en 成長する
z / ds / ts / tz	[ツ]		
	Zucker 砂糖	aben**ds** 夕方に	nach**ts** 夜に　Pla**tz** 広場
ß / ss	[ス]		
	Fu**ß**ball サッカー	wei**ß** 白い	na**ss** 濡れた　e**ss**en 食べる

挨拶表現 🔊8

Guten Morgen!	おはようございます。
Guten Tag!	こんにちは。
Guten Abend!	こんばんは。
Gute Nacht!	おやすみなさい。
Auf Wiedersehen!	さようなら。
Tschüs!	バイバイ。
Bis morgen!	また明日。
Danke schön!	ありがとうございます。
Bitte schön!	どういたしまして。
Wie geht es Ihnen?	ご機嫌いかがですか？
Danke, gut. Und Ihnen?	ありがとうございます，元気です。あなたは？
Danke, auch gut.	ありがとうございます，私も元気です。

基数詞 🔊9

0	null	10	zehn	20	zwanzig	99	neunundneunzig
1	eins	11	elf	21	einundzwanzig	100	(ein)hundert
2	zwei	12	zwölf	22	zweiundzwanzig	200	zweihundert
3	drei	13	dreizehn	30	dreißig	300	dreihundert
4	vier	14	vierzehn	40	vierzig	400	vierhundert
5	fünf	15	fünfzehn	50	fünfzig	500	fünfhundert
6	sechs	16	sechzehn	60	sechzig	1000	tausend
7	sieben	17	siebzehn	70	siebzig	10000	zehntausend
8	acht	18	achtzehn	80	achtzig	1000000	(eine) Million
9	neun	19	neunzehn	90	neunzig		

序数詞 🔊 10

「～番目の」という順序を表す数詞。1～19までは基数詞に -t を, 20～は基数詞に -st を付けて作ります。(例外 : 1. = erst,　3. = dritt,　8. = acht)

1.	erst	4.	viert	7.	sieb[en]t	10.	zehnt
2.	zweit	5.	fünft	8.	acht	20.	zwanzigst
3.	dritt	6.	sechst	9.	neunt	100.	hundertst

季節名 🔊 11

春 Frühling　　夏 Sommer　　秋 Herbst　　冬 Winter

月名 🔊 12

1月	Januar	4月	April	7月	Juli	10月	Oktober
2月	Februar	5月	Mai	8月	August	11月	November
3月	März	6月	Juni	9月	September	12月	Dezember

曜日名 🔊 13

日曜日	Sonntag	月曜日	Montag	火曜日	Dienstag	水曜日	Mittwoch
木曜日	Donnerstag	金曜日	Freitag	土曜日	Samstag または Sonnabend		

☞ 日本でもよく耳にする次のドイツ語の単語を発音してみましょう。　🔊 14

Baumkuchen	Benz	Diesel	Eisbahn
Föhn	Gelände	Mach	Märchen
Meister	Röntgen	Rucksack	Seminar
Thema	These	Volkswagen	Wandervogel

> ## Mein Name ist Paul Schneider.
> 私の名前はパウル・シュナイダーです。

> ## Ich komme aus Deutschland.
> 私はドイツ出身です。

 🔊 15

§1 不定詞

辞書の見出し語になっている動詞の形を **不定詞** とよびます。
不定詞は 語幹 と 語尾 en からできています。

不定詞 lernen「学ぶ」= 語幹 lern + 語尾 en

§2 動詞の現在形

現在形では, 不定詞の語尾enを取り除いた語幹に, 主語に応じて次の語尾を付けます。
これを**動詞の現在人称変化**といいます。

	単 数		複 数	
1人称	ich 私は	−e	wir 私たちは	−en
2人称（親称）	du 君は	−st	ihr 君たちは	−t
3人称	er 彼は es それは sie 彼女は	−t	sie 彼ら・それら・彼女らは	−en
2人称（敬称）	Sie あなた・あなたがたは　−en			

	単 数		複 数	
1人称	ich lerne	私は学ぶ	wir lernen	私たちは学ぶ
2人称（親称）	du lernst	君は学ぶ	ihr lernt	君たちは学ぶ
3人称	er es lernt sie	彼は学ぶ それは学ぶ 彼女は学ぶ	sie lernen	彼ら・それら・彼女らは学ぶ
2人称（敬称）	Sie lernen あなた・あなたがたは学ぶ			

このようにそれぞれの主語に応じた語尾の付いた動詞を**定形**または**定動詞**とよびます。

> ☞ドイツ語の2人称代名詞の使い分け
>
> **du**「君は」, **ihr**「君たちは」　→　家族や友人, 恋人など親しい相手に対して
>
> **Sie**「あなたは、あなた方は」　→　初対面の場合など親しくない相手に対して

§3　文中での語の並べ方（語順）　◁))) 16

平叙文や疑問詞のある疑問文（＝補足疑問文）では, 定形（定動詞）は
文の**2番目**の位置に置かれます（定形（定動詞）第2位）。

文頭	2番目		
Ich	lerne	Deutsch.	私はドイツ語を学んでいます。　（平叙文）
Woher	kommst	du?	君はどこから来たのですか？　（補足疑問文）

平叙文でも主語が常に文頭にあるとは限りません。
主語以外の文成分が文頭にきても定形（定動詞）は文の**2番目**の位置に置かれます。

文頭	2番目		
Wir	spielen	heute Tennis.	私たちは今日テニスをします。　（主語が文頭）
Heute	spielen	wir Tennis.	今日私たちはテニスをします。　（副詞が文頭）
Tennis	spielen	wir heute.	テニスを私たちは今日します。　（目的語が文頭）

疑問詞のない疑問文（＝決定疑問文）では, 定形（定動詞）は**文頭**に置かれます。

文頭	2番目		
Du	kommst	aus Japan.	君は日本出身です。　（平叙文）
Kommst	du	aus Japan?	君は日本出身ですか？　（決定疑問文）

§4　最重要動詞 sein と haben の現在人称変化　◁))) 17

sein　「〜である」				haben　「持っている」			
Ich	**bin**	wir	**sind**	Ich	**habe**	wir	**haben**
du	**bist**	ihr	**seid**	du	**hast**	ihr	**habt**
er/es/sie	**ist**	sie	**sind**	er/es/sie	**hat**	sie	**haben**
Sie **sind**				Sie **haben**			

Ich bin Student. Bist du auch Student?　僕は学生です。君も学生ですか？
Habt ihr Zeit?　– Ja, aber nur kurz.　君たち、時間ある？ーうん、でもほんの少しね。

1　次の動詞の意味を辞書で調べ, 現在人称変化させなさい。

	(1) kommen	(2) trinken	(3) wohnen	(4) arbeiten	(5) reisen
意味					
ich					
du					
er/es/sie					
wir					
ihr					
sie/Sie					

☞**注意を要する現在人称変化**

語幹が**-t**, **-d**などで終わる動詞　→　主語がdu, er/es/sie, ihrの時、語尾の前に**e**を補う。

例 finden　ich find**e**, du find**e**st, er/es/sie find**e**t,

　　　　　wir finden, ihr find**e**t, sie/Sie finden

語幹が**-s**, **-z**, **-ß**などで終わる動詞　→　主語がduの時、語尾を-stではなく、**-t**とする。

例 tanzen　ich tanze, du tanz**t**, er/es/sie tanzt,

　　　　　wir tanzen, ihr tanzt, sie/Sie tanzen

2　カッコ内の動詞を正しく現在人称変化させ, 全文を日本語に訳しなさい。

(1) Er (lernen) Englisch.

(2) Woher (kommen) du?

(3) Ich (kommen) aus Japan.

(4) Du (trinken) gern Bier.

(5) Julia (arbeiten) immer sehr fleißig.

(6) Tobias (kommen) heute nicht. Er (sein) krank.

(7) Wie (heißen) du?

(8) Ich (heißen) Paul. Ich (sein) Deutscher.

(9) Maria (haben) Kopfschmerzen.

(10) (Haben) du Hunger?

3　次の文を決定疑問文にし, できた文を日本語に訳しなさい。

(1) Du trinkst gern Bier.

(2) Maria tanzt sehr gut.

(3) Sie wohnt jetzt in Wien.

(4) Ihr habt heute Zeit.

(5) Sie sind sehr beschäftigt.

4　次の疑問文に自分の立場で答えなさい。

(1) Wie heißen Sie? – Ich heiße …

(2) Woher kommen Sie? – Ich komme aus …

(3) Wo wohnen Sie? – Ich wohne in …

(4) Was sind Sie von Beruf? – Ich bin …

(5) Was lernen Sie jetzt? – Ich lerne jetzt …

5　カッコ内の語を用いてドイツ語に訳しなさい。 🔊 18

(1) 私はコーヒーが好きです。 （Kaffee, trinken, gern）

(2) 君たちは忙しいですか？ （beschäftigt, sein）

(3) 彼らは外でサッカーをしています。 （draußen, Fußball, spielen）

(4) 君たちは時間がありますか？ （haben, Zeit）

(5) いいえ, 私たちはもう行きます。 （gehen, schon）

自己紹介 🔊 19

Hallo!

Mein Name ist Claudia Schmidt.

Ich komme aus Österreich.

Jetzt wohne ich hier in München.

Ich studiere Wirtschaft.

こんにちは。
私の名前はクラウディア・シュミットです。
オーストリアから来ました。
今はここミュンヘンに住んでいます。
経済学を専攻しています。

名詞と定冠詞・不定冠詞

> ## Ich lese jetzt ein Buch.
> 私はいま本を読んでいます。

> ## Das Buch ist sehr interessant.
> その本はとても面白いです。

🔊)) 20

§1　名詞の性

ドイツ語の名詞には, 男性・中性・女性のいずれかの**文法上の性**があります。
自然の性をもつ名詞(例:父, 息子, 母, 娘など)では文法上の性もおおむねそれに一致しますが,
自然の性をもたない名詞(例:机, 本, バッグなど)にも文法上の性はあります。
辞書には名詞の文法上の性も記されています。

	例		辞書での記され方
男性名詞	**Vater** 父	**Tisch** 机	男／m.／der
中性名詞	**Kind** 子ども	**Buch** 本	中／n.／das
女性名詞	**Mutter** 母	**Tasche** かばん	女／f.／die

§2　名詞の数

ドイツ語の名詞には単数形・複数形の区別があります。複数形の作り方は大きく分けて
次の5種類があり, 名詞ごとにどの方法で複数形を作るのかが決まっています。

	単 数 形		複 数 形
1. 語尾なし	Onkel	おじ	Onkel
	Vater	父	Väter
2. 単数形にeを付ける	Haar	髪	Haare
	Hand	手	Hände
3. 単数形にerを付ける	Kind	子ども	Kinder
	Haus	家	Häuser
4. 単数形に(e)nを付ける	Tasche	かばん	Taschen
	Tür	ドア	Türen
5. 単数形にsを付ける	Auto	自動車	Autos

§3　名詞の格

名詞が文の中でどのような役割を果たすのかを示すのが**格**です。ドイツ語では,
1格「〜が, 〜は」, 2格「〜の」, 3格「〜に」, 4格「〜を」の 4つの格の区別があります。

性・数・格が異なれば, 用いられる定冠詞・不定冠詞の形は異なります。

定冠詞		男性	中性	女性	複数
	1格「〜が、〜は」	der	das	die	die
	2格「〜の」	des	des	der	der
	3格「〜に」	dem	dem	der	den
	4格「〜を」	den	das	die	die

不定冠詞		男性	中性	女性	複数
	1格「〜が、〜は」	ein	ein	eine	ー
	2格「〜の」	eines	eines	einer	
	3格「〜に」	einem	einem	einer	
	4格「〜を」	einen	ein	eine	

例えば男性名詞Wagen「車」の場合,「1台の車を」(4格)ならばeinen Wagenとなり,「その車は」(1格)ならばder Wagenとなります。

Maria hat einen Wagen.　　マリーアは1台の車を持っている
Der Wagen ist groß.　　その車は大きい

§5　辞書における表記の見方と名詞の格変化

表記例　　Vater　男　〜s / Väter　父

見出し語＝単数1格　単数2格　複数1格

	単数	複数
1格	**der Vater**	**die Väter**
2格	**des Vaters**	der Väter
3格	dem Vater	den Vätern
4格	den Vater	die Väter

単数1格・2格,複数1格,この3つの形は辞書に書いてある

複数2〜4格は, 複数1格を真似る。ただし複数3格はnで終わっていなければnを付ける。

単数3〜4格は, 単数1格を真似る。

1　辞書を用いて次の名詞の意味、文法上の性、単数2格形、複数1格形を調べなさい。

	意味	文法上の性	単数2格形	複数1格形
(1) Bruder				
(2) Schwester				
(3) Kind				
(4) Farbe				
(5) Auto				

2　次の冠詞＋名詞を1格から4格まで格変化させなさい。

	(1)	(2)	(3)	(4)	(5)
1格	der Brief	das Mädchen	die Mutter	die Leute	der Student
2格					
3格					
4格					

☞**男性弱変化名詞**

男性名詞の中には、単数1格以外のすべての形で-(e)nを付けるものがあります。
これを男性弱変化名詞といいます。男性弱変化名詞の多くは-tや-eで終わります。
（例：Student「学生」, Polizist「警察官」, Junge「男の子」, Kunde「顧客」など）

3　下線部に語尾を補い, 全文を日本語に訳しなさい。

(1) Ich kaufe heute ein___ Apfel und ein___ Zitrone.

(2) Das Fahrrad gehört d____ Studentin.

(3) Wie heißt d____ Film? Kennst du d____ Titel d____ Filmes?

(4) Der Arzt untersucht jetzt ein___ Patienten.

(5) Die Schüler schenken d____ Lehrer ein___ Blumenstrauß.

(6) Der Vater zeigt d____ Kindern ein___ Bilderbuch.

(7) Die Kinder helfen immer d____ Mutter.

(8) Die Lehrerin fragt d____ Kinder und die Kinder antworten d____ Lehrerin.

(9) Was ist das? – Das ist ein___ Digitalkamera.

(10) Wen besuchen Sie heute? – Heute besuche ich ein___ Kunden.

4 次の文を名詞の格に注意して読み, 日本語に訳しなさい。

   (1) Da steht ein Junge.

   (2) Der Junge hat eine Blume.

   (3) Er schenkt die Blume einem Mädchen.

   (4) Wo ist die Mutter des Kindes?

   (5) Was machen Sie jetzt? – Ich lese gerade eine E-Mail.

5　カッコ内の語を用いてドイツ語に訳しなさい。　🔊)) 22

   (1) あそこに女の子がひとり立っています。　（Mädchen）

   (2) あなたはその女の子の父親を知っていますか？　（kennen）

   (3) 君は何をしているの？－私はいま小説を読んでいます。　（Roman）

   (4) 私は今日、2つの講義に出席します。　（Vorlesung）

   (5) その絵本はその男の子のものです。　（Bilderbuch）

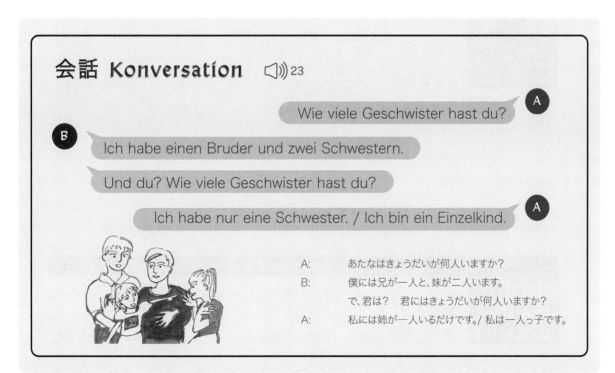

会話 Konversation 🔊)) 23

A Wie viele Geschwister hast du?

B Ich habe einen Bruder und zwei Schwestern.

Und du? Wie viele Geschwister hast du?

A Ich habe nur eine Schwester. / Ich bin ein Einzelkind.

A: あたなはきょうだいが何人いますか？
B: 僕には兄が一人と、妹が二人います。
で、君は？　君にはきょうだいが何人いますか？
A: 私には姉が一人いるだけです。/ 私は一人っ子です。

Sprichst du Deutsch?
君はドイツ語を話しますか？

Ja, ich spreche ein bisschen Deutsch.
はい, 私はドイツ語を少し話します。

§1　不規則動詞の見分け方

辞書の見出し語の右上に*が付いている動詞は不規則動詞です。

fahren*　「(乗り物で)行く」　→　不規則動詞
lernen　「学ぶ」　→　規則動詞

§2　不規則動詞の現在人称変化　◁))25

不規則動詞で, 語幹にaまたはeをもつものでは, 現在人称変化の際, 主語がduおよびer/es/sieのときに
語尾変化に加えて次のi) 〜iii)の幹母音の変化が起こります:

	i) a → ä	ii) e → i	iii) e → ie
	fahren (乗り物で)行く	helfen 助ける	sehen 見る
ich	fahre	helfe	sehe
du	fährst	hilfst	siehst
er/es/sie	fährt	hilft	sieht
wir	fahren	helfen	sehen
ihr	fahrt	helft	seht
sie/Sie	fahren	helfen	sehen

Das Baby schläft jetzt.　　　その赤ちゃんはいま眠っている。　　不定詞 schlafen*
Christian spricht Japanisch.　クリスティアンは日本語を話す。　不定詞 sprechen*
Liest du gern Krimis?　　　　君は推理小説を読むのが好きですか？　不定詞 lesen*

§3　命令形　◁))26

命令形には, du「君」に対するもの, ihr「君たち」に対するもの,
Sie「あなた・あなたがた」に対するもの, の3種類があり, それぞれ形が異なります:

		kommen 来る	schreiben 書く
duに対して	語幹＋[e]!	Komm!	Schreib!
ihrに対して	語幹＋t!	Kommt!	Schreibt!
Sieに対して	語幹＋en Sie!	Kommen Sie!	Schreiben Sie!

不規則動詞でduが主語の時にe→i(e)の幹母音の変化が起こるものは，
duに対する命令形でも同様に幹母音が変化します：

Sprich bitte laut!	大きな声で話してよ。	sprechen* 「話す」
Hilf mir mal, bitte!	ちょっと手伝ってよ。	helfen* 「手伝う」

これに対しa→äの変化は命令形では起こりません：

Fahr bitte langsam!	ゆっくり走ってね。	fahren* 「(車で)走る」

sein「～である」の命令形は次のようになります：

	不定詞sein		
duに対して	Sei!	Sei ruhig!	「静かにしなさい」
ihrに対して	Seid!	Seid brav!	「行儀よくしなさい」
Sieに対して	Seien Sie!	Seien Sie vorsichtig!	「ご注意ください」

§4　定冠詞類　🔊27

dieser「この」, welcher「どの」, solcher「そのような」, jeder「どの～も」(単数のみ),
aller「すべての」は, -erの部分が定冠詞と同じように変化するので, 定冠詞類と呼ばれます：

	男性	中性	女性	複数
1格	dieser Rock	dieses Hemd	diese Bluse	diese Schuhe
2格	dieses Rock[e]s	dieses Hemd[e]s	dieser Bluse	dieser Schuhe
3格	diesem Rock	diesem Hemd	dieser Bluse	diesen Schuhen
4格	diesen Rock	dieses Hemd	diese Bluse	diese Schuhe

Was kostet dieser Rock?	このスカートはいくらですか？
Jedes Kind hat dieses Spielzeug.	どの子供もこのおもちゃを持っています。

§5　不定冠詞類　🔊28

所有冠詞「～の」と否定冠詞kein「ゼロの」は, 不定冠詞einと同じような変化をするので
不定冠詞類と呼ばれます。所有冠詞には次のものがあります：

mein	「私の」	unser	「私たちの」
dein	「君の」	euer	「君たちの」
sein	「彼の, それの」	Ihr	「あなたの, あなたがたの」
ihr	「彼女の, 彼ら/それら/彼女らの」		

	男性	中性	女性	複数
1格	mein Vater	mein Kind	meine Mutter	meine Kinder
2格	meines Vaters	meines Kind[e]s	meiner Mutter	meiner Kinder
3格	meinem Vater	meinem Kind	meiner Mutter	meinen Kindern
4格	meinen Vater	mein Kind	meine Mutter	meine Kinder

Ich schenke meinem Sohn diesen Anzug.	私は息子にこのスーツをプレゼントします。
Komm mal her! Ich brauche deine Hilfe.	ちょっとこっちに来てよ。君の助けが必要なんだ。

3

1　カッコ内の動詞を正しく現在人称変化させなさい。また, 全文を日本語に訳しなさい。

(1) Mein Bruder (schlafen) noch.

(2) Christian (laufen) sehr schnell.

(3) Ich lese gern Krimis. Und du? Was (lesen) du gern?

(4) Was macht Felix gern? – Er (fahren) gern Motorrad.

(5) Ich nehme das Tagesmenü. Was (nehmen) du?

☞次の不規則動詞では, 幹母音だけでなく, 子音の変化にも注意が必要です。

	werden* 〜になる	nehmen* とる	wissen* 知っている
ich	werde	nehme	**weiß**
du	**wirst**	**nimmst**	**weißt**
er/es /sie	**wird**	**nimmt**	**weiß**
wir	werden	nehmen	wissen
ihr	werdet	nehmt	wisst
sie /Sie	werden	nehmen	wissen

2　カッコ内の動詞を命令形にしなさい。また, 全文を日本語に訳しなさい。

(1) Was sagst du? Ich höre dich nicht. (sagen) es noch einmal, bitte!

(2) Ihr habt morgen eine Prüfung. (gehen) schon nach Haus und (lernen) fleißig!

(3) Ach, Sie sind schon da. Bitte (warten) Sie noch einen Augenblick!

(4) Du bist immer zu laut. (Sprechen) bitte leise!

(5) (Sein) ruhig, (bleiben) ruhig, mein Kind!

3　下線部に適切な語尾を補いなさい。また, 全文を日本語に訳しなさい。

(1) Hast du Hunger? – Nein, ich habe kein___ Hunger.

(2) Wie findest du dies___ Wörterbuch?

(3) Welch___ Wochentag ist heute? – Heute ist Donnerstag.

(4) Ich danke mein___ Eltern sehr.

(5) Dies___ Geschichte kennen all___ Kinder.

4　カッコ内の語を用いてドイツ語に訳しなさい。 🔊))29

(1) 君はこのスカートをどう思いますか？　（Rock）

(2) 私はお金を持っていません。　（Geld）

(3) 私の妹は今京都に住んでいます。　（wohnen）

(4) 私たちの母は昼間は外で働いています。　（tagsüber, draußen）

(5) 私たちはこれらの人々を知りません。　（kennen, Leute）

3

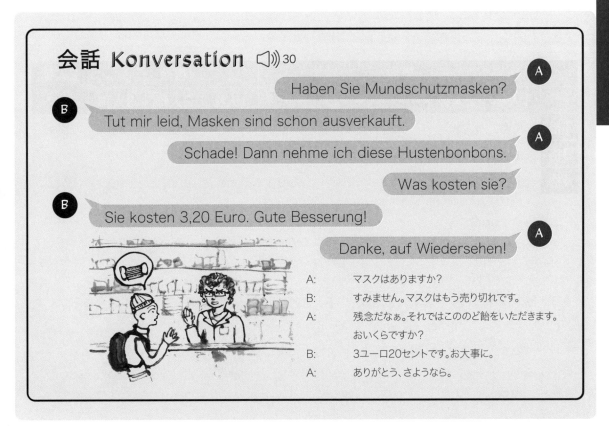

会話 Konversation 🔊))30

A Haben Sie Mundschutzmasken?

B Tut mir leid, Masken sind schon ausverkauft.

A Schade! Dann nehme ich diese Hustenbonbons.

A Was kosten sie?

B Sie kosten 3,20 Euro. Gute Besserung!

A Danke, auf Wiedersehen!

A:　マスクはありますか？
B:　すみません。マスクはもう売り切れです。
A:　残念だなぁ。それではこののど飴をいただきます。
　　おいくらですか？
B:　3ユーロ20セントです。お大事に。
A:　ありがとう、さようなら。

☞否定の仕方：keinかnichtか？ 🔊))31

①keinを用いる場合→無冠詞の名詞, また不定冠詞付きの名詞がある文：

Ich habe Hunger.　　　　　私は空腹です。(Hungerは無冠詞)
→Ich habe **keinen** Hunger.　私は空腹ではありません。

Mein Vater hat ein Auto.　　私の父は自動車を持っています。(Autoに不定冠詞)
→Mein Vater hat **kein** Auto.　私の父は自動車を持っていません。

②nichtを用いる場合→①以外の場合：

Ich kenne die Frau.　　　　私はその女性を知っています。(Frauに定冠詞)
→Ich kenne die Frau **nicht**.　私はその女性を知りません。

siebzehn

Lektion 4
第四課 　 人称代名詞　前置詞

Wo ist der Professor?
教授はどこですか？

🔊))32

Zu dieser Zeit isst er in der Mensa zu Mittag.
この時間は学食で昼食をとっています。

§1　人称代名詞　🔊))33

名詞と同じように，人称代名詞にも格の区別があります。

	単数					複数			2人称 敬称
	1人称	2人称	3人称・男	3人称・中	3人称・女	1人称	2人称	3人称	
1格	ich	du	er	es	sie	wir	ihr	sie	Sie
3格	mir	dir	ihm	ihm	ihr	uns	euch	ihnen	Ihnen
4格	mich	dich	ihn	es	sie	uns	euch	sie	Sie

Ich danke **euch**. 　　　　　　　　私は君たちに感謝します。
Dieses Fahrrad gehört **ihm**. 　　　この自転車は彼のものです。(この自転車は彼に属しています)
Kennst du **ihn**? 　　　　　　　　君は彼を知っていますか？

> ☞3人称の人称代名詞は常に人を表しているとは限りません。同じ性のモノを表す場合もあります。
>
> Dort ist ein Computer. **Er** gehört mir. 　　あそこにコンピューターがあります。それは私のものです。
> Das ist mein Fahrrad. **Es** fährt sehr schnell. これは私の自転車です。それはとても速く走ります。
> Ich suche meine Brille. Wo ist **sie** nur? 　　私は眼鏡を探しています。それは一体どこにありますか？

§2　前置詞　🔊))34

前置詞は名詞や代名詞の前に置かれ，場所・方向，時，理由などを表すまとまりを作ります。
前置詞の後ろに置かれる名詞・代名詞の格は前置詞ごとに決まっています。
これを前置詞の格支配といいます。

2格支配	statt ～の代わりに 　　 trotz ～にもかかわらず	
	während ～の間 　　 wegen ～のゆえに	など

Trotz des Regens spielen sie Fußball. 　　雨にもかかわらず彼らはサッカーをしています。
Die Schüler lernen auch **während der Pause**. 生徒たちは休憩時間の間も勉強します。

18
achtzehn

| 3格支配 | aus ～の中から | mit ～で、～と一緒に | nach ～へ、～の後で |
| | seit ～以来 | von ～の、～から | zu ～へ　　など |

Die Lehrerin trinkt **nach dem Unterricht** Tee.　その教師は授業の後, お茶を飲む。
Kommen Sie sofort **zu mir**!　すぐに私のところへ来てください。

| 4格支配 | bis ～まで | durch ～を通って | für ～のために |
| | ohne ～なしで | um ～のまわりに | など |

Der Rhein fließt **durch die Stadt**.　ライン川はその町を通って流れています。
Ich koche gern **für dich**.　私は喜んで君のために料理します。

§3　3・4格支配の前置詞　🔊 35

3・4格支配	an ～のきわ	auf ～の上	hinter ～の後ろ
	in ～の中	neben ～の横	über ～の上方
	unter ～の下	vor ～の前	zwischen ～の間

上の9つの前置詞は,「～で」(場所)を表すときは3格と,「～へ」(方向)を表すときは4格とともに用いられます:

Die Katze sitzt unter dem Tisch.　その猫はテーブルの下で座っています。(場所)
Die Katze geht unter den Tisch.　その猫はテーブルの下へ行きます。(方向)

§4　前置詞と定冠詞の融合形　🔊 36

前置詞の後ろに定冠詞を伴う名詞がくる場合, 前置詞と定冠詞は次のように融合します:

| an dem > am | an das > ans | in dem > im | in das > ins |
| um das > ums | von dem > vom | zu dem > zum | zu der > zur　など |

「その」と指示する必要がないときはふつう融合形を用います:
Heute gehe ich **zur** Uni.　今日, 私は大学に行きます。
「その」と指示する場合は融合させません:
Heute gehe ich **zu der** Uni.　今日, 私はその大学に行きます。

1　カッコ内に適切な人称代名詞を補いなさい。

(1) Wir danken (　　　　　) herzlich. 私たちは君たちに心から感謝しています。

(2) Gehört es (　　　　)? それは君のものですか？

(3) Klaus liebt (　　　　). クラウスは彼女を愛しています。

(4) Gib (　　　　) bitte den Bleistift! 私にその鉛筆を貸してください。

(5) Der Schlüssel? (　　　　) liegt auf dem Tisch. 鍵ですか？それは机の上にありますよ。

2　カッコ内の語を適切な形にしなさい。

(1) Während (die Sommerferien) lerne ich in (die Bibliothek).

　　夏休みの間, 私は図書館で勉強します。

(2) Nach (die Vorlesung) besuche ich den Professor.

　　講義の後で, 私はその教授を訪問します。

(3) Trotz (der Regen) spielen die Kinder draußen Fußball.

　　雨にもかかわらず, 子どもたちは外でサッカーをしています。

(4) Unsere Tochter feiert ihren Geburtstag mit (ihre Freunde).

　　私たちの娘は, 友人たちとともに誕生日を祝います。

(5) Wohnst du jetzt in (diese Stadt)?

　　君はいまこの町に住んでいるのですか？

3　次の文を日本語に訳しなさい。

(1) Das ist unsere Tochter. Sie arbeitet jetzt in Österreich.

(2) Ich suche meinen Regenschirm. Wo ist er nur?

(3) Das sind die Bücher meines Vaters. Sie sind sehr schwierig.

(4) Ich danke Ihnen herzlich für Ihre Mühe.

(5) Mein Fahrrad ist zwar alt, aber ich fahre immer damit zur Schule.

☞ **da(r)+前置詞** 🔊 37

前置詞は, 事物を表す人称代名詞と融合して「da(r)＋前置詞」という形を作ります：

　　Das ist mein Handy. Damit höre ich oft Musik.

　　これは私の携帯電話です。私はそれでよく音楽を聞きます。

　　参考　前置詞は, 人を表す人称代名詞とは融合しません：

　　Das ist mein Freund. Mit ihm lerne ich Deutsch.

　　これは私の友人です。彼と一緒に私はドイツ語を勉強します。

4　カッコ内の語を用いてドイツ語に訳しなさい。🔊))38

(1) その学生は授業中いつも寝ています。 （schlafen, immer, während, Unterricht）

(2) 今日, 私は友人たちと一緒に勉強します。 （heute, lernen, mit, meine Freunde）

(3) 私の祖父は公園を通って散歩します。 （Großvater, machen, Spaziergang, durch, Park）

(4) 私の父はたいていテレビの前に座っています。 （oft, Fernseher, sitzen）

(5) 私たちはこの本を君たちにプレゼントします。 （schenken）

☞**3・4格目的語の順序**　🔊))39

①**両方とも名詞**：3格 - 4格 の順

Ich gebe dem Jungen das Buch.　　私はその男の子にその本をあげます。

②**一方が名詞、他方が代名詞**：代名詞 - 名詞 の順

Ich gebe ihm das Buch. / Ich gebe es dem Jungen.

私は彼にその本をあげます。/ 私はそれをその男の子にあげます。

③**両方とも代名詞**：4格 - 3格 の順

Ich gebe es ihm.　　私はそれを彼にあげます。

4

会話 Konversation　🔊))40

A: Hallo, Mia! Was machst du denn hier?

B: Tag, Jonas! Ich warte hier auf meinen Vater.

Und du? Wohin gehst du?

A: Zu meinen Freunden.

Wir feiern heute den Geburtstag von Paul.

B: Schön! Viel Spaß!

A:　やあ、ミア。こんなところで何をしているの？
B:　ああ、ヨナス。父を待ってるのよ。
　　で、あなたは？　どこに行くの？
A:　友人たちのところだよ。今日はパウルの誕生日祝いをするんだ。
B:　いいわね。楽しんできて。

> ## Kannst du mir helfen?
> 君は私を手伝うことができますか？

◁)) 41

> ## Nein, ich muss noch meine Hausaufgabe machen.
> いいえ, 私はまだ宿題をしなければいけません。

§1　話法の助動詞

「～できる」(可能)や「～しなければならない」(必要)などの意味を表す語を, 話法の助動詞とよびます。
ドイツ語には次の6つの話法の助動詞があります:

können　～できる	sollen　～すべきである
müssen　～しなければならない	wollen　～したい
dürfen　～してもよい	mögen　～かもしれない

§2　話法の助動詞の人称変化

ドイツ語では話法の助動詞も主語に応じて変化します。単数では幹母音の変化を伴う不規則な変化をし、複数では語尾のみの規則変化をします。

	können	müssen	dürfen	sollen	wollen	mögen
ich	kann	muss	darf	soll	will	mag
du	kannst	musst	darfst	sollst	willst	magst
er/es/sie	kann	muss	darf	soll	will	mag
wir	können	müssen	dürfen	sollen	wollen	mögen
ihr	könnt	müsst	dürft	sollt	wollt	mögt
sie/Sie	können	müssen	dürfen	sollen	wollen	mögen

§3　話法の助動詞を用いた場合の語順:枠構造　◁)) 42

平叙文や疑問詞のある疑問文(＝補足疑問文)では, 話法の助動詞が文の2番目に置かれます。
疑問詞のない疑問文(＝決定疑問文)では話法の助動詞が文頭に置かれます。
いずれの場合も、動詞は不定詞の形で文末に置かれます(枠構造):

Ich **kann** Deutsch **sprechen**.　　　私はドイツ語を話すことができます。
Was **soll** ich ihr **schenken**?　　　私は彼女に何を贈るべきですか？
Darf ich Sie **fragen**?　　　私はあなたに質問してもいいですか？
Kannst du noch ein bisschen **warten**?　　君はもう少し待つことができますか？

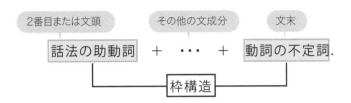

§4　控えめな願望を表すmöchte　🔊))43

möchte（＝英 *would like to*〜）は、「（できれば）〜したい」という控えめな願望を表し、
次のように変化します：

ich	möchte	wir	möchten
du	möchtest	ihr	möchtet
er/es/sie	möchte	sie	möchten
	Sie	möchten	

möchteも枠構造を作ります：
Ich **möchte** morgen wieder **kommen**.　　私は（できれば）明日また来たい。
Möchten Sie noch etwas **trinken**?　　あなたはまだ何かお飲みになりたいですか？

§5　未来形　🔊))44

第3課で「〜になる」という意味の動詞として出てきたwerdenは、助動詞としても用いられ、
「〜するつもりだ」（意志）や「〜するだろう」（推量）など、未来のことを表す文を作ります。
話法の助動詞の場合と同様、助動詞werdenを用いた文でも枠構造が形成されます：

未来形　「〜するつもりだ, 〜するだろう」

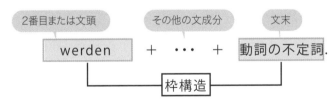

Ich **werde** den Roman **lesen**.　　　私はその小説を読むつもりです。
Er **wird** euch nie **vergessen**.　　　彼は君たちのことを決して忘れないだろう。

☞文中に未来のことを表す語句（morgen「明日」, diesen Sommer「この夏」など）がある場合、
しばしば現在形で未来のことを表します：
Wir fahren morgen nach Paris.　　私たちは明日パリへ行きます。

1　話法の助動詞を正しく現在人称変化させなさい。

	können	müssen	dürfen	sollen	wollen	mögen
ich						
du						
er/es/sie						
wir						
ihr						
sie/Sie						

2　話法の助動詞を正しく現在人称変化させなさい。また全文を日本語に訳しなさい。

(1) So etwas (dürfen) du nicht sagen.

(2) Mein Vater ist zwar dick, aber er (können) sehr schnell laufen.

(3) Was (möchte) Sie trinken?

(4) (Sollen) ich das Fenster öffnen?

(5) Ich habe kein Geld. (Können) ihr mir bitte 10 Euro leihen?

3　カッコ内の助動詞を加えて書き換えなさい。できた文を日本語に訳しなさい。

(1) Mein Onkel spricht sehr gut Chinesisch.　 (können)

(2) Ich gehe morgen zum Arzt.　 (müssen)

(3) Das ist wahr.　 (mögen)

(4) Ihr seht diesen Horrorfilm nicht.　 (dürfen)

(5) Die Lehrerin ist heute krank.　 (werden)

☞ **話法の助動詞は単独で用いることもできます。**

Der Verkäufer kann ein bisschen Deutsch.　　その店員は少しドイツ語ができる。

Ich muss schon nach Haus.　　私はもう家に帰らなければならない。

4　カッコ内の語を用いてドイツ語に訳しなさい。　🔊))45

(1) 君たちはここに駐車してもよい。（hier, parken）

(2) 君は休暇中, 何がしたいですか？（die Ferien, machen）

(3) 私たちはそろそろ行かなければならない。（langsam, gehen）

(4) 赤信号では待たなければなりません。（man, bei Rot, warten）

(5) 私はもう少し彼を待つつもりです。（noch, ein bisschen, warten）

☞ **不定代名詞man「人は」は3人称単数扱いにします。**
　また代名詞なので文中では小文字で書き始めます。
　In Japan isst man mit Stäbchen.　日本では（人は）箸で食事をします。

5

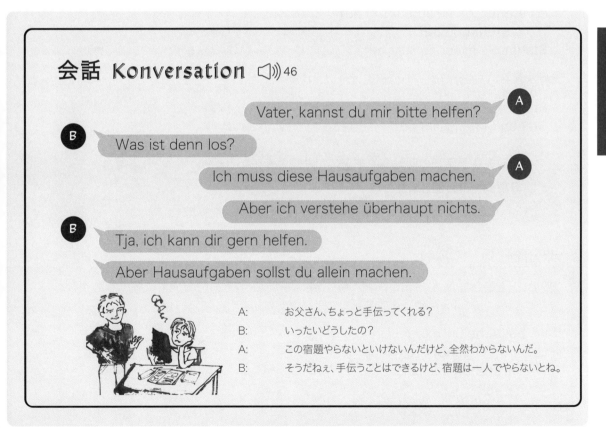

会話 Konversation 🔊))46

A　Vater, kannst du mir bitte helfen?

B　Was ist denn los?

A　Ich muss diese Hausaufgaben machen.

　　Aber ich verstehe überhaupt nichts.

B　Tja, ich kann dir gern helfen.

　　Aber Hausaufgaben sollst du allein machen.

A:　お父さん、ちょっと手伝ってくれる?
B:　いったいどうしたの?
A:　この宿題やらないといけないんだけど、全然わからないんだ。
B:　そうだねぇ、手伝うことはできるけど、宿題は一人でやらないとね。

分離動詞・非分離動詞 zu不定詞（句）

Hast du heute Abend etwas vor?
君は今晩何か予定ある？

🔊 47

Nein, aber ich habe keine Lust, auszugehen.
いいえ、でも出かける気はないよ。

§1 分離動詞 🔊 48

ドイツ語の動詞の中には，辞書の見出し語では1語として掲載されていても，実際の文中では2つ（前綴りと基礎動詞）に分かれて使われる動詞があります。このような動詞を分離動詞といいます：

ここで分かれる

分離動詞＝前綴り＋基礎動詞　　auf|stehen　「起きる」

前綴り　基礎動詞

平叙文や補足疑問文では基礎動詞は2番目に，決定疑問文では基礎動詞は文頭に置かれます。前綴りはいずれの文においても文末に置かれます（→枠構造）：

Ich **stehe** jeden Morgen früh **auf**.　私は毎朝早く起きます。（平叙文）
Wann **stehst** du **auf**?　　　　　　　君はいつ起きますか？（補足疑問文）
Stehst du immer so spät **auf**?　　　君はいつもそんなに遅く起きるのですか？（決定疑問文）

命令文においても分離動詞の枠構造は形成されます：

Steh endlich **auf**!　　　　　いい加減に起きなさい！（duに対する命令文）
Stehen Sie langsam **auf**!　　そろそろ起きてください！（Sieに対する命令文）

☞分離動詞が話法の助動詞や未来の助動詞werdenとともに用いられる場合，
分離動詞は分離しません：

Ich muss morgen früh **aufstehen**. 私は明日早く起きなければなりません。

§2 非分離動詞 🔊 49

アクセントを持たないbe-, emp-, ent-, er-, ge-, ver-, zer-などの前綴りは，基礎動詞と決して分離しません。このような動詞を非分離動詞といいます：

Ich **besuche** Sie morgen.　　　　私は明日あなたを訪問します。
Unser Sohn **gehört** zum Klub.　　私たちの息子はそのクラブに属しています。
Wir **verstehen** euch nicht.　　　　私たちは君たち（の言っていること）がわかりません。

§3 zu 不定詞（句）

zu不定詞は, zuと動詞の不定詞で作られます。
分離動詞の場合, zuは前綴りと基礎動詞の間に置かれ, 続き書きされます：

zu lernen	学ぶこと	zu spielen	（スポーツを）すること
aufzustehen	起きること（分離動詞）	zu verbringen	過ごすこと（非分離動詞）

zu不定詞は, 動詞の目的語などと結びついて意味のあるまとまりを作ります。
これをzu不定詞句といいます。zu不定詞句の中では, zu+不定詞は句の最後に置かれます：

Deutsch zu lernen	ドイツ語を学ぶこと	英 *to learn German*
mit ihm Tennis zu spielen	彼と一緒にテニスをすること	英 *to play tennis with him*
früh aufzustehen	朝早く起きること	英 *to get up early*

§4 zu 不定詞（句）の3用法 🔊 50

1）名詞的用法

「～すること」という意味を表し, 文の主語になったり, 目的語になったりします：

Viel zu rauchen, ist nicht gesund. たくさんタバコを吸うことは健康的でない。

Ich habe vor, **die Ferien in Italien zu verbringen**. 私は, 休暇をイタリアで過ごすことを計画しています。

2）形容詞的用法

「～する（べき・ための）…」という意味を表し, 先行する名詞を後ろから修飾します：

Ich habe keine Zeit, **Bücher zu lesen**. 私は本を読む時間がありません。

Hast du Lust, **mit mir ins Kino zu gehen**? 君は私と一緒に映画に行く気がありますか？

3）副詞的用法

副詞的用法では, zu不定詞（句）の先頭にum, ohneなどの前置詞が必要です：

um + zu不定詞 ～するために

Die Studentin lernt fleißig, **um die Prüfung zu bestehen**.
その女子学生は, 試験に合格するために熱心に勉強している。

ohne + zu不定詞 ～することなく

Der Gast besucht das Restaurant, **ohne zu reservieren**.
その客は予約することなく, そのレストランを訪れる。

6

練習問題　Übungen 6

1　次の動詞の意味を辞書で調べなさい。またアクセントに注意して発音しなさい。

(1) teilnehmen (2) anfangen (3) verbringen (4) stattfinden (5) zerstören

2　各文の動詞の不定詞形とその意味を書きなさい。また全文を日本語に訳しなさい。

例 Unser Bus kommt pünktlich an.　　不定詞 ankommen　意味　到着する
私たちのバスは時間通りに到着します。

(1) Morgen stehe ich früh auf.　　　不定詞　　　　　意味

(2) Findet dieses Fest jedes Jahr statt?　不定詞　　　　　意味

(3) Steigen Sie bitte in Berlin um!　　不定詞　　　　　意味

(4) Wann fängt das Konzert an?　　　不定詞　　　　　意味

(5) Das bringe ich dir gern bei.　　　不定詞　　　　　意味

3　カッコ内の分離動詞を現在人称変化させ, 文中の下線部に補いなさい。
また全文を日本語に訳しなさい。

(1) Ich _____ in diesem Sommer an einem Sprachkurs ____ . (teil|nehmen)

(2) Um wie viel Uhr _____ du normalerweise ____ ? (auf|stehen)

(3) Wann ____ unser Zug in Potsdam ____ ? (an|kommen)

(4) _____ du mich heute Abend ____ ? (an|rufen)

(5) Mein Mann _____ Ende April nach Japan _____ . (zurück|kommen)

4　次の文を日本語に訳しなさい。

(1) Einmal nach Europa zu reisen, ist mein Traum.

(2) Es ist gut für die Gesundheit, jeden Tag Gemüse zu essen.

(3) Meine Mutter vergisst oft, die Tür zuzuschließen.

(4) Hast du Lust, heute Abend mit uns ins Theater zu gehen?

(5) Nach dem Studium fahre ich in die Heimat zurück, um meinen Eltern
bei der Arbeit zu helfen.

5　カッコ内の語を用いてドイツ語に訳しなさい。必要に応じて語形変化させること。 ))51

(1) 私たちはザルツブルクで下車します。 （wir, aus|steigen, in Salzburg)

(2) 君はとても若く見える。 （du, aus|sehen, sehr, jung)

(3) その母親は子供に物語を読み聞かせる。
(die Mutter, vor|lesen, ihr Kind, Geschichten)

(4) その女の子は誕生日に動物のぬいぐるみをもらう。
(das Mädchen, bekommen, zum Geburtstag, ein Stofftier)

(5) その女子学生は、夏休みにドイツへ旅行するためにアルバイトをしている。
(die Studentin, reisen, jobben, um, zu, in den Sommerferien,
nach Deutschland)

会話 Konversation))52

A: Morgen gehe ich mit Hanna einkaufen.

Hast du auch Lust, mitzukommen?

B: Tut mir leid! Morgen habe ich vor, für die Prüfung zu lernen.

A: Gut. Dann gehen wir zu zweit. Viel Erfolg!

B: Danke! Ich wünsche euch viel Spaß. Auf Wiederhören.

A: 明日ハンナと一緒に買い物に行くんだけど、あなたも一緒に来ない？
B: ごめんなさい。明日は試験勉強する予定なのよ。
A: わかったわ。じゃあ二人で行くね。(勉強)頑張って！
B: ありがとう。あなたたちは楽しんできてね。じゃあまた。

形容詞　再帰代名詞　再帰動詞

Ich freue mich schon auf die Weihnachtsferien. 🔊53

私はもうクリスマス休暇が楽しみです。

Da kann ich viele alte Freunde wiedersehen.

たくさんの昔の友達に会えますから。

Frohe Weihnachten

§1　形容詞の3用法　🔊54

形容詞には, 1) 述語用法, 2) 副詞用法, 3) 付加語用法, の3つの用法があります:

1) Die Landschaft ist schön.　　その景色は美しい。
2) Der Sänger singt schön.　　その歌手は美しく歌う。
3) Mir gefällt das schön**e** Bild.　私はその美しい絵が気に入っています。

形容詞が名詞を修飾する3) の用法では, 形容詞には語尾が必要となります。

§2　付加語用法の形容詞に付ける語尾　🔊55

語尾の付け方には, 強変化, 弱変化, 混合変化の3種類があります。

1)強変化…　形容詞+名詞

	男性	中性	女性	複数
1格	rot**er** Wein	kalt**es** Bier	warm**e** Milch	kalt**e** Getränke
2格	rot**en** Weins	kalt**en** Biers	warm**er** Milch	kalt**er** Getränke
3格	rot**em** Wein	kalt**em** Bier	warm**er** Milch	kalt**en** Getränken
4格	rot**en** Wein	kalt**es** Bier	warm**e** Milch	kalt**e** Getränke

冠詞類がないので, 形容詞がその代わりに強く変化します:

Ich trinke gern warme Milch.　　私は温かいミルクを好んで飲みます。

2)弱変化…　定冠詞(類)+形容詞+名詞

	男性	中性	女性	複数
1格	der rot**e** Rock	das blau**e** Hemd	die weiß**e** Bluse	die rot**en** Schuhe
2格	des rot**en** Rock[e]s	des blau**en** Hemd[e]s	der weiß**en** Bluse	der rot**en** Schuhe
3格	dem rot**en** Rock	dem blau**en** Hemd	der weiß**en** Bluse	den rot**en** Schuhen
4格	den rot**en** Rock	das blau**e** Hemd	die weiß**e** Bluse	die rot**en** Schuhe

定冠詞(類)があるので, 形容詞は弱い変化をします:

Die roten Schuhe gefallen mir.　　その赤い靴が私は気に入っています。

3) 混合変化… 不定冠詞(類)＋形容詞＋名詞

	男性	中性	女性	複数
1格	ein　　guter Mann	ein　　gutes Kind	eine gute Frau	meine guten Kinder
2格	eines guten Mann[e]s	eines guten Kind[e]s	einer guten Frau	meiner guten Kinder
3格	einem guten Mann	einem guten Kind	einer guten Frau	meinen guten Kindern
4格	einen guten Mann	ein　　gutes Kind	eine gute Frau	meine guten Kinder

男性1格, 中性・女性1・4格は強変化, それ以外は弱変化の語尾なので, 混合変化と呼ばれます:
Da steht ein dicker Mann.　あそこに一人の太った男性が立っています。

§3　再帰代名詞　◁)) 56

「〜自身」という意味を表す代名詞を再帰代名詞といいます。3格と4格があります:

	ich	du	er/es/sie	wir	ihr	sie	Sie
3格	mir	dir	sich	uns	euch	sich	sich
4格	mich	dich	sich	uns	euch	sich	sich

主語の行う動作が主語に再び帰ってくる場合に, 再帰代名詞は用いれらます:
Ich wasche das Auto.　私はその車を洗う。
Ich wasche mich.　　　私は体を洗う。(< 私は私自身を洗う)
Er wäscht sich.　　　彼は体を洗う。(< 彼は彼自身を洗う)
主語が複数の場合は, 再帰代名詞はしばしば「互いに」という意味を表します:
Wir verstehen uns gut.　私たちは互いによく理解しあっています。

§4　再帰動詞　◁)) 57

再帰代名詞を伴って熟語的なまとまった意味を表す動詞を、再帰動詞といいます:

> sich freuen　喜ぶ　<自分自身を喜ばせる
> ich　　　freue mich　　　wir　freuen uns
> du　　　freust dich　　　ihr　freut euch
> er/es/sie freut sich　　　sie　freuen sich
> 　　　　Sie freuen sich

他にも
sich ärgern　　怒る
sich beeilen　　急ぐ
sich erkälten　風邪をひく
sich setzen　　座る　　など

Mein Kind freut sich über das Geschenk.　うちの子はプレゼントを喜んでいます。
Setzen Sie sich, bitte!　　　　　　　　どうぞお座りください。

7

1　形容詞に語尾を補いなさい。

(1)　　　　　　　　(2)　　　　　　　　　　(3)

1格	kalter	Kaffee	das nette	Mädchen	eine	kleine	Tasche
2格	kalt__	Kaffees	des nett__	Mädchens	einer	klein__	Tasche
3格	kalt__	Kaffee	dem nett__	Mädchen	einer	klein__	Tasche
4格	kalt__	Kaffee	das nett__	Mädchen	eine	klein__	Tasche

2　形容詞に語尾を補いなさい。また全文を日本語に訳しなさい。

(1) Der klug__ Junge findet immer die richtig__ Antwort.

(2) Wir lesen gerade „Die Leiden des jung__ Werther" von Goethe.

(3) Kalt__ Kaffee schmeckt nicht.

(4) Das ist eine gut__ Idee!

(5) Meine Tante hört gern „Eine klein__ Nachtmusik" von Mozart.

(6) Interessierst du dich für deutsch__ Kultur?

(7) Bitte setzen Sie sich und warten Sie noch einen klein__ Augenblick!

(8) Der Kunde ärgert sich über dein frech__ Verhalten.

(9) Wir haben groß__ Hunger.

(10) Der jung__ Arzt untersucht heute einen Patienten.

3　次の文の主語をer / wir / Sieにして書き換えなさい。

(1) Ich ärgere mich.

(2) Du freust dich schon auf die Sommerferien.

(3) Ich erinnere mich noch an das Ereignis.

(4) Ich verlaufe mich immer.

(5) Ihr putzt euch die Zähne.

4　カッコ内の語を用いてドイツ語に訳しなさい。 🔊))58

(1) エーファは茶色いバッグを探しています。　（Eva, suchen, braun, Tasche）

(2) 君の独和辞典を使ってもいいですか？

　　（deutsch-japanisch, Wörterbuch, benutzen）

(3) その出版社は毎月たくさんの面白い本を刊行しています。

　　（Verlag, viel, interessant, Buch, veröffentlichen, jeden Monat）

(4) 君たちはそのプレゼントを喜んでいますか？　（sich über 〜⁴ freuen, Geschenk）

(5) あなたはなぜ怒っているのですか？　（warum）

会話 Konversation 🔊))59

A　Entschuldigen Sie! Wie komme ich zur Stadtbibliothek?

B　Sehen Sie dorthin.

　Das große gelbe Gebäude, das ist die Bibliothek.

　Gehen Sie hier geradeaus,

　dann an der zweiten Kreuzung nach links!

A　Alles klar. Vielen herzlichen Dank!

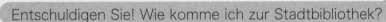

A:　すみません。市立図書館へはどう行けばいいですか？
B:　もう見えてますよ。あそこの大きな黄色い建物がそれです。
　　ここをまっすぐ行って、2番目の交差点で左に行ってください。
A:　わかりました。ご丁寧にありがとうございます。

☞序数 🔊))60

「〜番目」のように順序を表す数詞を序数詞といいます。序数詞は次のように作ります：

　　1 〜 19　　　基数+**t**　　　（例外：1. = erst, 3. = dritt, 8. = acht）

　　20 〜　　　　基数+**st**

序数詞は，形容詞と同じように名詞を修飾します。

このとき，序数詞にも付加語用法の形容詞と同様の語尾を付けます：

Ich höre gern die **neunte** Sinfonie von Beethoven.　私はベートーベンの第九が好きです。

Biegen Sie an der **dritten** Kreuzung nach links ab!　3番目の交差点で左に曲がって下さい。

Lektion 8
第八課

過去形と現在完了形

61

Hast du schon meine Mail gelesen?
君は私のメールをもう読んだ？

Nein. Ich hatte mein Handy nicht dabei.
いいえ、携帯電話を持ってなかったから。

§1　過去基本形の作り方

規則動詞の過去基本形は, 語幹＋te で作られます：

不定詞 lern|en（語幹・語尾）　→　過去基本形 lern**te**

不規則動詞の場合, 辞書やこの教科書の末尾にある不規則動詞変化表で確認します：

不定詞 gehen*　→　過去基本形 ging

§2　動詞の過去人称変化　62

過去形においても動詞は主語に応じて語尾変化します：

不定詞		lernen	gehen*	sein*	haben*	werden*	können*
語尾 / 過去基本形		lernte	ging	war	hatte	wurde	konnte
ich	—	lernte	ging	war	hatte	wurde	konnte
du	—st	lernte**st**	ging**st**	war**st**	hatte**st**	wurde**st**	konnte**st**
er/es/sie	—	lernte	ging	war	hatte	wurde	konnte
wir	—[e]n	lernte**n**	ging**en**	war**en**	hatte**n**	wurde**n**	konnte**n**
ihr	—t	lernte**t**	ging**t**	war**t**	hatte**t**	wurde**t**	konnte**t**
sie/Sie	—[e]n	lernte**n**	ging**en**	war**en**	hatte**n**	wurde**n**	konnte**n**

Ich **wohnte** damals in Spanien.　私は当時スペインに住んでいました。
Wir **waren** gestern müde.　私たちは昨日疲れていました。
Hattet ihr genug Geld?　君たちはお金を十分に持っていましたか？

※ sein , habenや話法の助動詞などを除いて, 日常的な話しことばでは過去形はあまり用いられません。

§3 過去分詞の作り方

規則動詞の場合, 過去分詞は ge+語幹+t で作られます:

不定詞 <u>lernen</u> → 過去分詞 ge**lernt**

語幹 語尾

不規則動詞の場合は, 過去基本形の場合と同様, 不規則動詞変化表で確認します:

不定詞 essen* → 過去分詞 gegessen

分離動詞では, まず基礎動詞の部分を過去分詞にしてから, 前綴りを付けます:

不定詞 zu|machen → 過去分詞 zugemacht

非分離動詞や-ierenで終わる動詞では, 過去分詞にgeが付きません:

不定詞 erlernen → 過去分詞 erlernt
不定詞 studieren → 過去分詞 studiert

§4 現在完了形 🔊 63

日常的な話しことばでは, ふつう現在完了形で過去のことを表現します:

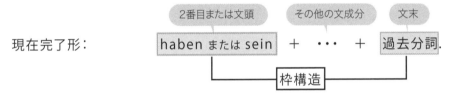

現在完了形: | 2番目または文頭 haben または sein | + ・・・ + | 文末 過去分詞. | 枠構造

Ich **habe** die Hausaufgabe schon **gemacht**. 私はもう宿題をしました。
Wir **sind** gestern ins Kino **gegangen**. 私たちは昨日映画に行きました。
Habt ihr schon zu Mittag **gegessen**? 君たちはもう昼食をとりましたか?

§5 haben / sein の使い分け 🔊 64

現在完了の助動詞としては通常habenを用います。特に, 4格目的語「〜を」がある文では必ずhabenを使います:

Ich **habe** viele Mails **geschrieben**. 私はたくさんのメールを書きました。

現在完了の助動詞としてseinを用いるのは次の場合です:
1) 移動を表す自動詞 gehen, kommen, ankommenなど:
Ich **bin** heute zur Uni **gegangen**. 私は今日, 大学に行きました。
2) 変化を表す自動詞 werden, wachsen, sterbenなど:
Die Ampel **ist** rot **geworden**. 信号が赤になった。
3) seinやbleibenなど, 少数の例外
Er **ist** heute den ganzen Tag zu Haus **geblieben**. 彼は今日, 一日中家にいた。

1　カッコにhabenまたはseinを正しい形にして補い, 現在完了形の文を完成させなさい。
　また, 全文を日本語に訳しなさい。

　　(1) Unser Bus (　　　) pünktlich in Potsdam angekommen.

　　(2) Ihr (　　　) mir viel geholfen. Dafür danke ich euch herzlich.

　　(3) Ich (　　　) meinen Regenschirm im Zug vergessen.

　　(4) Was (　　　) du in den Sommerferien gemacht?

　　(5) Gestern Abend (　　　) an der Kreuzung ein Verkehrsunfall passiert.

2　現在完了形に書き換え, できた文を日本語に訳しなさい。

　　(1) In den Sommerferien jobbe ich in einem Café.

　　(2) Heute geht meine Tochter nicht zur Uni.

　　(3) Wie lange lernen Sie Deutsch?

　　(4) Was macht ihr heute Abend?

　　(5) Der Zug fährt um elf Uhr ab.

3　次の文を日本語に訳しなさい。

　　(1) Ihr wart gestern nicht zu Haus, nicht wahr? Wo wart ihr denn?

　　(2) In der DDR arbeiteten damals sehr viele Ausländer.

　　(3) Der Gast saß am Tisch und rührte mit dem Löffel in der Tasse.

　　(4) Der Rattenfänger zog ein Pfeifchen heraus und pfiff.
　　　　Da kamen die Ratten und Mäuse aus allen Häusern und sammelten
　　　　sich um ihn.

☞小説や物語など, 書きことばでは過去形がよく用いられます。

4　カッコ内の語を用いてドイツ語に訳しなさい。　🔊65
　　(1) (2) は過去形を、(3)〜(5)は現在完了形を用いること。

(1)その芸術家は長い間外国に住んでいた。　（Künstler, lange, Ausland）

(2)君は先週病気でしたか？　（krank, letzte Woche）

(3)君はもうそのレポートを書きましたか？　（Referat, schreiben）

(4)私の両親は昨年ドイツに行きました。　（Jahr, fahren, Deutschland）

(5)その俳優は昨日癌で亡くなりました。　（Schauspieler, gestern, Krebs, sterben）

会話 Konversation 🔊66

A Was hast du in den Sommerferien gemacht?

B Ich bin nach Berlin gefahren

und habe dort einige Freunde besucht.

Und du? Wie hast du deine Ferien verbracht?

A Ich bin die ganze Zeit hier geblieben.

Ich hatte ja viel zu tun.

A:　君は夏休み何したの？
B:　ベルリンに行って、何人か友人を訪ねたよ。
　　君はどうやって休みを過ごしたの？
A:　ずっとここにいたよ。するべきことがたくさんあったからね。

Lektion 9
第九課　形容詞・副詞の比較変化 分詞の用法

Meine Mutter ist älter als mein Vater.
私の母は父より年上です。

◁)) 67

Ich bin die jüngste in meiner Familie.
私が家族の中で一番若い。

§1　形容詞の比較変化

比較級「より〜」は原級に-erを, 最上級「もっとも〜」は原級に-stを付けて作ります。

	原級	比較級	最上級
美しい	schön	– schöner –	schönst
小さい	klein	– kleiner –	kleinst
長い	lang	– länger -	längst
若い	jung	– jünger –	jüngst
古い	alt	– älter -	ältest

> ウムラウト可能な母音は
> 比較級・最上級でウムラウトにする

不規則に比較変化して比較級, 最上級を作る形容詞もあります：

よい	gut	– besser –	best
多くの	viel	– mehr –	meist

§2　原級の用法　◁)) 68

> so 原級 wie …　…と同じくらい〜だ

Deutschland ist **so** groß **wie** Japan. ドイツは日本と同じくらい大きい。

§3　比較級の用法　◁)) 69

> 比較級 als …　…より〜だ

Meine Mutter ist älter **als** mein Vater. 私の母は, 父より年上だ。

§4　最上級の用法　◁)) 70

> ①　定冠詞 最上級+e
> ②　am 最上級+en　もっとも〜だ

最上級の表現は2種類あります。3者以上を比べて「もっとも〜だ」という場合は①, ②のどちらも使用できま
Dieser Film ist **der interessanteste**.
この映画がもっとも面白い。
Dieser Film ist **am interessantesten**.
1者の条件による違いを表して「もっとも〜だ」という場合は②のみを用います：
Kyoto ist im Herbst **am schönsten**.　京都は秋がもっとも美しい。

38
achtunddreißig

§5 副詞の比較級・最上級 🔊 71

比較級は形容詞と同様, 原級+erで作ります。最上級は, am 最上級+enのみです。
また副詞にも不規則変化するものがあります:

好んで gern – lieber – am liebsten

Ich trinke **gern** Milch.	私はミルクを好んで飲みます。
Ich trinke **lieber** Tee.	私は紅茶をより好んで飲みます。
Ich trinke **am liebsten** Bier.	私はビールをもっとも好んで飲みます。

§6 現在分詞の作り方と用法 🔊 72

現在分詞は, 不定詞に-dを付けることで作られます:

不定詞 weinen「泣く」→ 現在分詞 weinend

現在分詞は「～している…」という意味で名詞を修飾します(付加語用法)。このとき現在分詞には,
付加語用法の形容詞と同様の語尾を付けます:

der weinende Junge その泣いている男の子

また, 現在分詞は「～しながら, ～しつつ」という意味で副詞的にも用いられます(副詞用法):
Gestern ist der Junge **weinend** zu mir gekommen. 昨日, その男の子は泣きながら私のところに来ました。

§7 過去分詞の用法 🔊 73

過去分詞にも, 付加語用法「～された…」や副詞用法「～して, ～された状態で」があります:

das **begeisterte** Publikum 熱狂した観客
Das Publikum hat **begeistert** gerufen: „Zugabe! Zugabe!"
観客は熱狂して「アンコール, アンコール!」と叫びました。

☞**他動詞と自動詞**

4格目的語「～を」と結びつく動詞を他動詞といい, それ以外の動詞を自動詞といいます。

名詞を修飾する用法では, 他動詞の過去分詞は受け身「～された」を, 自動詞の過去分詞は完了
「～した」を表します。

bemaltes Geschirr 「彩色された食器」 < bemalen 「色を塗る」(他動詞)

gefallene Blätter 「落ち葉(落ちた葉)」< fallen 「落ちる」 (自動詞)

練習問題　Übungen 9

1　次の形容詞の意味を辞書で調べ, 比較級, 最上級を書きなさい。

原級（意味）	比較級	最上級
1) fern　（　　　　　）		
2) dick　（　　　　　）		
3) kurz　（　　　　　）		
4) warm （　　　　　）		
5) kalt　（　　　　　）		

2　カッコ内の形容詞または副詞を適切な形にしなさい。また全文を日本語に訳しなさい。

(1) Diese Kamera ist so (teuer) wie die Mikrowelle.

(2) Die Donau ist (lang) als der Rhein.

(3) Der Großvater ist (alt) in unserer Familie.

(4) Der Falke fliegt (schnell) als die Taube.

(5) Hast du (viel) Geld als ich?

3　次の文を日本語に訳しなさい。

(1) Deutsch ist so schwierig wie Englisch. – Nein! Deutsch ist viel einfacher als Englisch.

(2) Vorsicht ist besser als Nachsicht.

(3) Die Anzüge hier sind alle zu teuer. Haben Sie auch preiswertere Anzüge

(4) Die Zugspitze ist mit 2.962 Metern der höchste Berg in Deutschland.

(5) Spieglein, Spieglein an der Wand! Wer ist die schönste im ganzen Land

4　カッコ内の語を用いてドイツ語に訳しなさい。　🔊))74

(1) バスティアンは私の妹と同い年です。 （Bastian, Schwester, alt）

(2) ベルリンのテレビ塔はケルン大聖堂より高い。

　　 (der Berliner Fernsehturm, der Kölner Dom, hoch)

(3) トリーアはドイツでもっとも古い都市です。 （Trier, alt, Stadt）

(4) その教授は微笑みながら私の質問に答えました。

　　 (Professor, auf ～⁴ antworten, Frage, lächeln)

(5) アナウンサーは興奮してそのニュースを読み上げた。

　　 (Ansager, Nachricht, auf|regen, vor|lesen)

会話 Konversation 🔊))75

A: Du hast schon wieder ein neues Handy gekauft?

B: Ja! Dieses Handy ist viel besser als mein altes.

A: Und was willst du damit machen?

B: Nichts. Ich will einfach immer das neueste Modell haben.

A:　また新しい携帯買ったの？
B:　うん。この携帯、前のより断然いいんだよ。
A:　で、その携帯で何がしたいの？
B:　何も。ただいつも最新のモデルを持っていたいだけ。

neu!!

10式

従属接続詞と副文

((()))76

Patrick kommt heute nicht, weil er krank ist.
病気なのでパトリックは今日来ません。

§1 主文と副文, 従属接続詞

文には主文と副文の2種類があります。第9課までに出てきたのはすべて主文です。
この課で学ぶ副文は, 次のような従属接続詞によって導かれます:

als	～したとき	da	～なので	damit	～するように	dass	～ということ
indem	～することで	ob	～かどうか	obwohl	～にもかかわらず		
während	～している間に	weil	～なので	wenn	もし～ならば	など	

§2 副文の作り方, 定動詞後置

主文の先頭に従属接続詞を置き, 定動詞を文末に移動させれば副文ができます。
副文では, 文頭の従属接続詞と文末の定動詞とで枠構造が作られます:

主文　　　　　 Er ist krank.　　　　彼は病気です。

副文　 weil er krank ist　　彼は病気なので,

枠構造

§3 副文の使い方　((()))77

副文は通常, 別の主文とともに用いられます:

Patrick kommt heute nicht, weil er krank ist.　　パトリックは病気なので, 今日来ません。
　　　主文　　　　　　　　　　　副文

Ich komme auch, wenn ich morgen Zeit habe.　　もし明日時間があれば, 私も来ます。
　　主文　　　　　　　副文

副文が主文に先行する時は, 副文全体で1つの文成分と見なし, 主文の先頭に定動詞を置きます:

Wenn ich morgen Zeit habe, komme ich auch.　　もし明日時間があれば, 私も来ます。
　　副文　　　　　　　　　　　主文

疑問詞を持つ疑問文（補足疑問文）の定動詞を文末へ移動させると間接疑問文ができます：

| 補足疑問文 | Was ist das? | これは何ですか？ |
| 間接疑問文 | was das ist | これが何であるか |

| 補足疑問文 | Wann kommt er? | 彼はいつ来ますか？ |
| 間接疑問文 | wann er kommt | 彼がいつ来るか |

疑問詞のない疑問文（決定疑問文）を間接疑問文にするには,ob「～かどうか」を文頭に,
定動詞を文末にそれぞれ置きます：

| 決定疑問文 | Ist der Film interessant? | その映画は面白いですか？ |
| 間接疑問文 | ob der Film interessant ist | その映画が面白いかどうか |

間接疑問文も副文の一種なので, 別の主文とともに用いられます：

Ich weiß, was das ist.　　　　これが何であるか, 私は知っています。
Weißt du, wann er kommt?　　彼がいつ来るか, 君は知っていますか？
Wir möchten wissen, ob der Film interessant ist.　その映画が面白いかどうか, 私たちは知りたい。

☞**分離動詞は文中では通常2つに分かれます。**　((((79

auf|stehen「起きる」→Er steht früh auf.　彼は朝早く起きる。

しかし、次の2つの場合、分離動詞は分離しません。

①助動詞とともに用いられた場合

Er muss früh aufstehen.　　　彼は朝早く起きなければならない。

Er ist früh aufgestanden.　　　彼は朝早く起きた。

②副文の中で用いられた場合

Ich weiß, dass er früh aufsteht.　私は、彼が朝早く起きることを知っています。

1　適切な従属接続詞を下から選んでカッコに入れなさい。

> ob, wenn, dass, da, obwohl

(1) Ich weiß, (　　　) der Junge nie lügt.
　　私は、その少年が決してうそをつかないということを知っています。

(2) (　　　) ich morgen Zeit habe, komme ich auch.
　　もし明日時間があれば、私も来ます。

(3) Viele Leute kaufen das Produkt, (　　　) es nicht so billig ist.
　　あまり安価ではないにもかかわらず、多くの人がその製品を買います。

(4) (　　　) wir heute schönes Wetter haben, essen wir draußen.
　　今日は天気がいいので、外で食事をしましょう。

(5) Weißt du, (　　　) der Schriftsteller noch lebt?
　　君は、その作家がまだ生きているかどうか、知っていますか。

2　次の文を日本語に訳しなさい。

(1) Viele Jugendliche wissen nicht mehr, dass es früher zwei deutsche Staaten gab.

(2) Als der strenge Lehrer ins Klassenzimmer eintrat, wurde es plötzlich st

(3) Wenn Sie mir versprechen, das Geheimnis zu bewahren, gestehe ich Ihnen alles.

(4) Du kannst zum Wiederaufbau beitragen, indem du etwas Geld spendes

(5) Leider muss ich schon gehen, weil ich eine Verabredung habe.

3　次の2つの文を従属接続詞または間接疑問文を用いて一文にしなさい。
　　またできた文を日本語に訳しなさい。

(1) Der Student lernt fleißig. Er möchte die Prüfung bestehen. (weil)

(2) Wann beginnt die Aufführung? Wissen Sie das?

(3) Ich verstehe nicht. Warum bist du böse auf mich?

(4) Ich notiere deine Adresse. Ich vergesse sie nicht. (damit)

(5) Viele Studenten besuchen die Vorlesung des Professors.
　　Sie ist sehr langweilig. (obwohl)

4　カッコ内の語を用いてドイツ語に訳しなさい。　🔊))80

(1) 私は熱があるので、家にいます。　（Fieber, weil, zu Haus bleiben）

(2) なぜ彼がそんなことを言うのか、私は理解できません。　（verstehen, so etwas）

(3) マックスは来ません。というのは、彼は今日お客さんがあるからです。
　　（Max, denn, Besuch erwarten）

(4) その試合がいつ始まるのか、君は知っていますか？　（Spiel, beginnen）

(5) 君が道に迷わないように、僕も一緒に行きます。
　　（damit, sich verlaufen, mitkommen）

10

☞非人称のes

天候や時刻などを表すときや熟語的表現で用いられます。

Es regnet.　　　　　　　　　雨が降っている。（天候）

Es ist zehn Uhr.　　　　　　10時です。（時刻）

Es gibt zwei Unis in der Stadt.　この町には大学が二つあります。（熟語的表現）

会話 Konversation 🔊))81

A: Weißt du, warum Mia oft im Unterricht fehlt?

B: Nein.

Aber sie sagte, dass sie nicht gut schlafen kann.

A: Ach so.

Sag ihr bitte, dass ich mir Sorgen um sie mache!

B: Sag ihr das selbst, wenn sie das nächste Mal zur Uni kommt.

A:　なぜミアがよく授業を休んでいるのか、知ってる？
B:　いいえ。でもよく眠れないって言ってたわ。
A:　ああそうなの。僕が心配してるって彼女に伝えてくれる？
B:　今度彼女が大学に来た時に自分で言えば。

Deutschland wurde am 3. Oktober 1990 wiedervereinigt.
ドイツは1990年10月3日に再統一されました。

Früher war Deutschland geteilt.
以前はドイツは分断されていました。

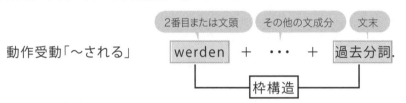

§1　動作受動「～される」　◁))83

動作受動「～される」は,「werden ＋ … ＋ 過去分詞」で表されます。
過去分詞は文末に置かれ, 枠構造が作られます:

| 2番目または文頭 | その他の文成分 | 文末 |

動作受動「～される」　　werden　＋　…　＋　過去分詞.

枠構造

Der Eingang **wird** um 17 Uhr **geschlossen**.　　入口は17時に閉められます。
Wann **wird** der Eingang **geschlossen**?　　入口はいつ閉められますか?
Wird der Eingang bald **geschlossen**?　　入口はもうすぐ閉められますか?

行為者はvon ～³「～によって」で表されます:
Der Eingang **wird** vom Portier **geöffnet**.　　入口は守衛によって開かれます。

werdenを過去形にすれば, 過去の動作受動の文ができます。また現象や仲介物は
durch ～⁴「～で, ～によって」で表します:
Die Stadt **wurde** durch ein Erdbeben **zerstört**.　　その町は地震で破壊された。

§2　受動文への書き換え　◁))84

能動文を受動文に書き換えるには, ①能動文の4格目的語を, 受動文では1格の主語にし,
②能動文の1格主語を, 受動文ではvon ～³またはdurch ～⁴にします:

　　　　　　　　　　②　　　　　　　　①
能動文　Viele Touristen besuchen den Tempel.　　多くの旅行者がその寺院を訪問する。

受動文　Der Tempel wird von vielen Touristen besucht.　その寺院は多くの旅行者によって訪問される。

§3　動作受動の未来形と現在完了形　🔊 85

動作受動の未来形「〜されるだろう」は, 次のように表されます:

2番目または文頭	その他の文成分	文末
werden	+ ･･･ +	過去分詞 + werden.
未来の助動詞		受動の助動詞

動作受動の未来形　werden　+　･･･　+　過去分詞 + werden.

Der Edelstein **wird** teuer **verkauft werden**. その宝石は高い値段で売られるだろう。

動作受動の文を現在完了形にする場合, 完了の助動詞にはseinを用います。
werdenは過去分詞wordenとなって, 文末に置かれます:

2番目または文頭	その他の文成分	文末
sein	+ ･･･ +	過去分詞 + worden.

動作受動の現在完了形　sein　+　･･･　+　過去分詞 + worden.

Der Eingang **ist** um 17 Uhr **geschlossen worden**. 入口は17時に閉められました。

§4　自動詞の受動態　🔊 86

4格目的語を持たない能動文からでも受動文を作ることができます。
この場合, 形式的にesを受動文の主語にします:

能動文　Man tanzt heute Abend.　　　　　　　人は今日の晩, ダンスをする。
受動文　Es **wird** heute Abend **getanzt**.　　今晩, ダンスがある。(ダンスがなされる)

この形式的な主語esは, 文頭以外では省略されます:
　　Heute Abend **wird getanzt**.　　　　　　今日の晩, ダンスがある。

§5　状態受動「〜されている」　🔊 87

ある動作の結果がその後も残っていることを表す状態受動「〜されている」は,
「sein + ･･･ + 過去分詞」で表します:

　　Der Eingang **ist** nach 17 Uhr **geschlossen**. 入口は17時以降閉じられています。
　　Berlin **war** damals **geteilt**.　　　　　　ベルリンはその当時分割されていた。

11

1　受動態の文に書き換えなさい。またできた文を日本語に訳しなさい。

(1) Junge Leute lesen diesen Roman.

(2) Der Komponist schrieb den Brief.

(3) In Österreich spricht man Deutsch.

(4) Der Knabe hat das Röslein gebrochen.

(5) Die deutsche Mannschaft wird den Pokal gewinnen.

2　次の文を日本語に訳しなさい。

(1) Wie viel Bier wird in Deutschland täglich getrunken?

(2) Von der Regierung wurde ein Antrag auf ein neues Gesetz gestellt.

(3) Dieses Café ist von 7 bis 22 Uhr geöffnet.

(4) Halt den Mund! Hier wird nicht geplappert!

(5) Die Sprachprüfung ist nicht leicht zu bestehen.

☞**受動的意味を持つその他の表現**　◁))) 88

sein + … + zu不定詞

受動の可能「〜されうる」,もしくは受動の必要「〜されねばならない」を表します:

　Dieses Buch **ist** leicht **zu lesen**.　　　　　この本は簡単に読める。(読まれうる)

　Am Eingang **ist** der Studentenausweis **vorzulegen**.　入口で学生証が呈示されなければならない。

lassen sich 他動詞

受動の可能「〜されうる」を表します。

　Das Rätsel **lässt sich** leicht **lösen**.　　　そのなぞなぞは簡単に解ける。(解かれうる)

3　指示に従って書き換えなさい。またできた文を日本語に訳しなさい。

(1) Der junge Arzt operiert heute den alten Patienten. (動作受動に)

(2) Die Brüder Grimm sammelten viele Märchen. (動作受動に)

(3) Viele Städte wurden während des Krieges stark zerstört. (現在完了形に)

(4) Diese Uhr ist leicht zu reparieren. (lassen sich 他動詞を用いた同義の文に)

(5) Der Bahnhof wird in zwei Jahren völlig renoviert. (未来形に)

4　カッコ内の語を用いてドイツ語に訳しなさい。 🔊89

(1) そのサッカーの試合は今晩、テレビで生中継される。

　　(Fußballspiel, im Fernsehen, live, übertragen)

(2) その老人は自転車にぶつかられて軽傷を負った。

　　(Fahrrad, an|fahren, leicht, verletzen)

(3) ケルン大聖堂は毎年多くの旅行者に訪問される。

　　(der Kölner Dom, jedes Jahr, viele Touristen, besuchen)

(4) いつドイツは再統一されましたか?

　　(Deutschland, wiedervereinigen)

(5) ノーベル平和賞はおそらくその政治家に授与されるでしょう。

　　(Friedensnobelpreis, wahrscheinlich, Politiker, verleihen)

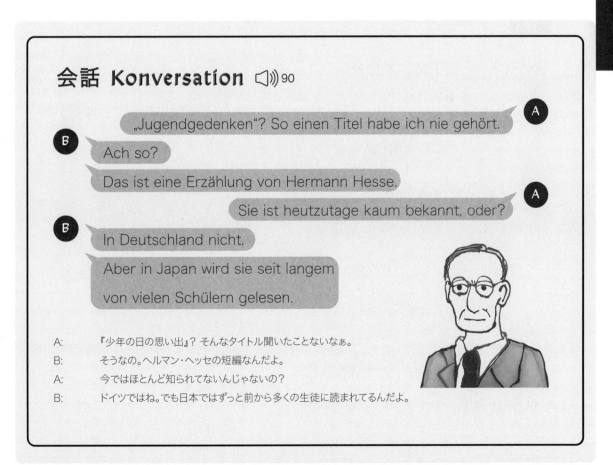

会話 Konversation 🔊90

B: „Jugendgedenken"? So einen Titel habe ich nie gehört.

A: Ach so?

Das ist eine Erzählung von Hermann Hesse.

A: Sie ist heutzutage kaum bekannt, oder?

B: In Deutschland nicht.

Aber in Japan wird sie seit langem

von vielen Schülern gelesen.

A:　『少年の日の思い出』? そんなタイトル聞いたことないなぁ。
B:　そうなの。ヘルマン・ヘッセの短編なんだよ。
A:　今ではほとんど知られてないんじゃないの?
B:　ドイツではね。でも日本ではずっと前から多くの生徒に読まれてるんだよ。

◁))) 91

Ich lese gerade die Mail,
die du mir gestern geschickt hast.

私は、君が昨日送ってくれたメールを読んでいるところです。

§1　関係代名詞一覧

関係代名詞は、「私が昨日見た映画」のように, 主語(私が)と動詞(見た)のある文の形で
名詞を修飾する場合に使われます。

	男性	中性	女性	複数
1格	der	das	die	die
2格	dessen	dessen	deren	deren
3格	dem	dem	der	denen
4格	den	das	die	die

§2　関係代名詞と関係文　◁))) 92

関係代名詞は, 先行する名詞(先行詞)を修飾する関係文を導きます。
関係文は副文なので定動詞は後置され, 文頭の関係代名詞と文末の定動詞で枠構造が作られます:

先行詞　　　関係文

Das ist der Student, der in der Schweiz wohnt.　　こちらがスイスに住んでいる学生です。

Das ist der Student, dessen Vater Arzt ist.　　こちらが父親が医者である学生です。

Das ist der Student, dem ich oft E-Mails schreibe.　こちらが私がよくメールを書く学生です。

Das ist der Student, den ich gut kenne.　　こちらが私がよく知っている学生です。

関係代名詞が前置詞に支配される場合, 前置詞 + 関係代名詞 のまとまりで関係文の先頭に置かれます:
Das ist der Student, auf den sie warten.　　こちらが彼らが待っている学生です。

Das ist das Fahrrad, mit dem ich zur Uni fahre.　　これが私が大学に行くのに使っている自転車です。

§3　関係代名詞を用いた文のまとめ方　◁)) 93

① その映画は面白かった。　　　　　　　　　私はそれを昨日見た。
　Der Film war interessant.　　　Ich habe ihn gestern gesehen.

②　　　　　　　　　　　　　　den ich　　　　　gestern gesehen habe

③　Der Film, **den** ich gestern gesehen **habe**, war interessant.　　私が昨日見た映画は面白かった。

　先行詞　　　　　　関係文

①　まとめようとする2つの文で同じ人・物を指す語を見つける。
　　→ 一方が先行詞，もう一方が関係代名詞になります。
②　手順①で見つけたうちの1つを関係代名詞にして文頭へ移動させる。
　　→ 関係代名詞は，先行詞の性数，関係代名詞に変える語の格をもとに選びます。
③　関係文の定動詞を文末に移動させ，関係文全体を先行詞の直後へ移動させる。
　　→ 関係文は必ずコンマで区切ります。

§4　不定関係代名詞 wer, was　◁)) 94

不定関係代名詞のwer, wasは先行詞を必要とせず，それぞれ「〜する人」，「〜するもの」という
意味の関係文を作ります：

　Wer Fragen hat, soll zu mir kommen.　　質問のある人は，私のところに来るように。
　Wir verstehen nicht, **was du sagst**.　　私たちは，君の言っていることがわからない。

alles, nichts, etwasや名詞化された形容詞などが先行詞である場合，関係代名詞には
wasが用いられます：

　Ich gebe dir **alles, was ich habe**.　　私は君に私が持っているすべてのものを与える。
　Das ist **das Beste, was ich kann**.　　これが私ができる最善のことです。

不定関係代名詞wasは，先行する一文全体を受けることもあります：

　Eva will einen Studenten heiraten, **was** ihren Eltern nicht gefällt.
　　エーファはある学生と結婚したいのですが，彼女の両親はそれが気に入りません。

12

練習問題　Übungen 12

1　日本語の意味になるようカッコ内に適切な関係代名詞を補いなさい。

(1)Da steht ein Mann, (　　　) ich sehr gut kenne.
あそこに私がとてもよく知っている男の人が立っています。

(2)Ich habe einige Freunde, (　　　) aus der Schweiz kommen.
私にはスイス出身の友人が何人かいます。

(3)Wie heißt der Regisseur, (　　　) diesen Film gedreht hat?
この映画を撮影した監督は何という名前ですか?

(4)Das ist der Computer, mit (　　　) ich Referate schreibe.
これが私がレポートを書くのに使っているコンピュータです。

(5)(　　　) heute kauft, bekommt ein kleines Geschenk.
本日お買い上げの方には粗品を進呈いたします。

2　次の文を日本語に訳しなさい。

(1) Helmut ist der einzige Freund, der mir in der Not geholfen hat.

(2) Musikstücke, die Mozart komponiert hat, sollen für die schwangeren
Frauen gut sein.

(3) Wien ist die größte Stadt Österreichs, deren Einwohnerzahl
1,7 Millionen beträgt.

(4) Wer Erfolg haben möchte, muss Emotionen beiseite schieben.

(5) Man kann nichts wiedergutmachen, was einmal verdorben ist.

3　次の2つの文を関係代名詞を用いて一文にまとめ, できた文を日本語に訳しなさい。

(1) Der Chirurg ist weltberühmt.
Der Chirurg hat die Sängerin operiert.

(2) Wie heißt der Schriftsteller?
Der Schriftsteller ist unter der NS-Herrschaft emigriert.

(3) Der Brief hat mich sehr gefreut.
Du hast den Brief geschrieben.

(4) Heidelberg ist die Stadt.
Als Student habe ich in der Stadt sechs Jahre gewohnt.

(5) Der Professor ist Rektor geworden.
Ich habe bei dem Professor Deutsch gelernt.

4 カッコ内の語を用いてドイツ語に訳しなさい。 ◁))95

(1) 警察は銀行強盗の犯人を捜している。

(Polizei, suchen, Täter, Bank, überfallen)

(2) 20年前に買った手袋を私はいまだに使っています。

(benutzen, immer noch, Handschuhe, kaufen)

(3) 働かざる者、食うべからず。(諺)

(wer, arbeiten, essen, sollen, auch)

(4) 教科書に書いてあることが常に正しいとは限らない。

(was, Lehrbuch, stehen, nicht immer, richtig)

(5) その怠惰な学生は試験に落ちたが、それは当然だ。

(faul, im Examen, durchfallen, kein Wunder)

会話 Konversation ◁))96

A Was macht ihr denn?

B Stefan zeigt uns die Fotos, die er während seiner Reise gemacht hat.

A Zeig sie mir auch!

Wunderschön!

Wo hast du die gemacht?

C In einem kleinen Dorf, das im Süden von Frankreich liegt.

A: 君たち何してるの？
B: シュテファンが旅行中に撮った写真を見せてくれてるんだよ。
A: 僕にも見せてよ。すごくきれいだね！どこで撮ったの？
C: フランス南部にある小さな村でだよ。

12

Hanna sagt, sie habe Kopfschmerzen.
ハンナは頭が痛いと言っている。

◁)) 97

§1　接続法の用法

第12課までに習ってきたのは直説法でした。この課で新たに学ぶ接続法は、「（あの人は）…と言っている」のように, 他人の発言を聞いた人が自分の立場でその内容を再現する場合や、「もし～なら, …なのに」のように非現実のことを表現する場合に用いられます。
接続法には第1式と第2式があり, それぞれの用法は次のように分類できます:

	用法とその典型的な意味
接続法第1式	要求話法　「～するように」
	間接話法　「～と言っている」
接続法第2式	非現実話法「もし～ならば, …なのに」
	外交話法　「～したいのですが」 など, 控え目で丁寧な表現

§2　接続法の語形

接続法第1式は不定詞の語幹をもとに, 接続法第2式は過去基本形をもとに, 下の語尾を付けて作られます。語尾は第1式・第2式とも共通です:

接続法第1式　→　　不定詞の語幹　＋　語尾
接続法第2式　→　　過去基本形　＋　語尾

接続法の語尾（第1式・第2式共通）
ich	—e	wir	—en
du	—est	ihr	—et
er/es/sie	—e	sie	—en

・すべての語尾にeがある
・不規則動詞の接続法第2式では, 過去基本形のa, o, uはそれぞれä, ö, üになる。

	接続法第1式			接続法第2式		
	lernen	**gehen***	**kommen***	**lernen**	**gehen***	**kommen***
元になる形	**lern-**	**geh-**	**komm-**	**lernte**	**ging**	**kam**
ich	lerne	gehe	komme	lernte	ginge	käme
du	lernest	gehest	kommest	lerntest	gingest	kämest
er/es/sie	lerne	gehe	komme	lernte	ginge	käme
wir	lernen	gehen	kommen	lernten	gingen	kämen
ihr	lernet	gehet	kommet	lerntet	ginget	kämet
sie/Sie	lernen	gehen	kommen	lernten	gingen	kämen

§3　重要動詞の接続法の語形

	接続法第1式			接続法第2式		
	haben	sein	werden	haben	sein	werden
元になる形	hab-	sei-	werd-	hatte	war	wurde
ich	habe	sei	werde	hätte	wäre	würde
du	habest	sei[e]st	werdest	hättest	wärest	würdest
er/es/sie	habe	sei	werde	hätte	wäre	würde
wir	haben	seien	werden	hätten	wären	würden
ihr	habet	seiet	werdet	hättet	wäret	würdet
sie/Sie	haben	seien	werden	hätten	wären	würden

§4　接続法第1式の用法①：要求話法　◁)) 98

接続法第1式の要求話法は「～であれ, ～すること, ～するように, ～されたい」などの意味を表します：

Man nimmt täglich drei Tabletten.　　人は一日三錠服用する。(直説法現在)
Man **nehme** täglich drei Tabletten.　　一日三錠服用すること。(要求話法)

§5　接続法第1式の用法②：間接話法　◁)) 99

直接話法では, 引用符などを用いて他人の発言がそのまま再現されます。これに対し, 引用符を用いることなく, 伝達者の立場から他人の発言を再現する間接話法では, 接続法第1式が用いられます：

Eva sagt: „Ich bin müde.“　　「私は疲れています」とエーファは言っている。(直接話法)
Eva sagt, sie **sei** müde.　　エーファは(自分は)疲れていると言っている。(間接話法)

直接話法の引用符内で過去形, 現在完了形で表現されていることは, 間接話法ではどちらも
「habenまたはseinの接続法第1式＋…＋過去分詞」で表わされます：

Maria sagt: „Ich war krank.“　　　　「私は病気でした」とマリーアは言っている。(直接話法)
Maria sagt, sie **sei** krank **gewesen**.　　マリーアは病気だったと言っている。(間接話法)

Max sagt: „Ich habe den Film schon gesehen.“
　「僕は既にその映画を見ました」とマックスは言っている。(直接話法)
Max sagt, er **habe** den Film schon **gesehen**.
　既にその映画を見たとマックスは言っている。(間接話法)

13

1　次の動詞の接続法第1式および第2式のすべての人称形を書きなさい。

	接続法第1式			接続法第2式		
	wohnen	fahren*	wissen*	wohnen	fahren*	wissen*
ich						
du						
er/es/sie						
wir						
ihr						
sie/Sie						
	lesen*	geben*	haben*	lesen*	geben*	haben*
ich						
du						
er/es/sie						
wir						
ihr						
sie/Sie						

2　カッコ内の動詞を接続法第1式の正しい形にし, 全文を日本語に訳しなさい。

(1) Der Politiker sagt, das Problem (sein) schwer zu lösen.

(2) Meine Eltern sagen immer, ich (sein) ein ganz braves Kind gewesen.

(3) Die Studentin sagt, sie (haben) leichtes Fieber.

3　次の文を日本語に訳しなさい。

(1) Der Wissenschaftler behauptet, die Theorie sei falsch.

(2) Im Mittelalter glaubte man, die Erde stehe still.

(3) Der Rechtsanwalt sagt, er habe die Wahrheit von Anfang an gewusst.

(4) Nach Polizeiangaben sei der Täter etwa 1,90 Meter groß.

(5) Mehrere Augenzeugen sagen allerdings, der Täter sei relativ klein gewesen.

4 接続法第1式を用いて間接話法に書き換えなさい。またできた文を日本語に訳しなさい。

(1) Der Schaffner fragt die Fahrgäste: „Haben Sie die Fahrkarten?"

(2) Der Lehrer fragte den Schüler: „Hast du die Hausaufgabe gemacht?"

(3) Die Verkäuferin fragt: „Welche Größe hat Ihr Vater?"

☞ 疑問文の間接話法 ⏴))101

① 疑問詞のある疑問文：疑問詞 + 主語 + … +接続法第1式

Der Mann fragte mich: „Wo ist das Geschäft?"（直接話法）

Der Mann fragte mich, wo das Geschäft sei.（間接話法）

② 疑問詞のない疑問文：ob + 主語 + … + 接続法第1式

Der Lehrer fragte den Schüler: „Bist du krank?"

Der Lehrer fragte den Schüler, ob er krank sei.

会話 Konversation ⏴))102

A Bring deinen Regenschirm mit!

Nach der Wettervorhersage regne es heute Abend.

B Danke, aber lieber nicht.

Ich komme ja noch früher zurück.

A: 雨傘を持って行ってね。
天気予報によると、今晩降るって。
B: ありがとう。でも傘はいらないかな。
もっと早くに帰ってくるからね。

13

Lektion 14
第十四課　接続法（2）

◁)) 10:

> **Wenn ich Geld hätte,**
> **würde ich diese Gitarre kaufen.**
> お金があったら，このギターを買うのに…。

§1　接続法第2式の用法：非現実話法

「もし～なら，…なのに」のように非現実のことを表す文では接続法第2式が用いられます。
「もし～なら」の部分を仮定部，「…なのに」の部分を推定部といいますが，いずれも非現実のことを
述べているので，仮定部にも推定部にも接続法第2式が用いられます：

もし～なら，　　・・・なのに。
　　　仮定部　　　　　　推定部

§2　現在のことについて仮定し，推定する場合　◁)) 104

「もし（今）～なら，　・・・なのに」

Wenn + 主語 + ・・・ + 接2式, würde + 主語 + 不定詞.
　　　　仮定部　　　　　　　　　　　　推定部

Wenn ich jetzt Geld hätte, würde ich diese Gitarre kaufen.
　　もし私が今お金を持っていたら，このギターを買うのに。
Wenn ich jetzt gesund wäre, würde ich gern ausgehen.
　　もし私が今健康なら，喜んで出かけるのに。

仮定部のWennを省略して，接2式 + 主語 で仮定部を始めても同じ意味になります：

Hätte ich jetzt Geld, würde ich diese Geige kaufen.
　　もし私が今お金を持っていたら，このバイオリンを買うのに。
Wäre ich jetzt gesund, würde ich länger arbeiten.
　　もし私が今健康なら，もっと長く仕事をするのに。

§3　過去のことについて仮定し, 推定する場合　🔊 105

「もし (あのとき) 〜だったなら, ・・・だったのに」

Wenn ＋ 主語 ＋ ・・・ ＋ 過去分詞 hätte/wäre , hätte/wäre ＋ 主語 ・・・ ＋ 過去分詞.

　　　　　　　　　仮定部　　　　　　　　　　　　　　　　　推定部

Wenn ich damals Zeit gehabt hätte, hätte ich den Führerschein gemacht.

　　もし私にあのとき時間があったなら, 運転免許を取得しただろうに。

Wenn ich damals gesund gewesen wäre, wäre ich nach Deutschland gefahren.

　　もし私があのとき健康だったなら, ドイツに行っただろうに。

過去のことについて仮定する場合も, Wennを省略して Hätte/Wäre 主語 ＋ … ＋ 過去分詞,
で仮定部が表されることがあります:

Hätte ich damals Zeit gehabt, hätte ich mehr gelernt.

　　もし私にあのとき時間があったなら, もっと勉強しただろうに。

§4　仮定部の独立用法　🔊 106

仮定部は単独で用いられて, 実現が不可能な願望を表します。この場合, dochやnurなどの語がともに
よく用いられます:

Wenn ich doch Geld hätte!　　　　　私にお金があればなぁ！

Hätte ich das doch früher gewusst!　　それをもっと早くに知っていたらなぁ！

§5　推定部の独立用法　🔊 107

仮定を表す副文がなく, 推定部のみが単独で用いられることもあります。
この場合, 仮定の意味が, 主語や副詞, 前置詞句などに含まれていることがしばしばです:

Ein vernünftiger Mensch würde nie so etwas sagen.

　　分別のある人なら, 決してそのようなことを言わないでしょう。

Allein wäre ich nicht auf eine so gute Idee gekommen.

　　独りだったら私はそのようないい考えには至らなかったでしょう。

Ohne Ihre Hilfe hätte unsere Tochter die Prüfung nicht bestanden.

　　あなたの助けなしでは, 私たちの娘は試験に合格しなかったでしょう。

14

1　カッコ内の語を接続法第2式の正しい形にし, 全文を日本語に訳しなさい。

(1) Wenn ich Zeit (haben), (werden) ich gern mit dir ins Konzert gehen.

(2) Wenn du die Wahrheit noch früher gesagt (haben), (haben) ich dir sicher geholfen.

(3) An deiner Stelle (werden) ich nie so etwas tun.

(4) Unser Lehrer fragt uns immer, als ob er selbst die Antwort nicht (wisse

(5) Ich (haben) eine Bitte an Sie.

2　次の文を日本語に訳しなさい。

(1) Um ein Haar hätte ich den letzten Bus verpasst.

(2) Ohne Wasser würde auf der Erde kein Leben existieren.

(3) Ach, wenn ich doch eine Freundin hätte!

(4) Was würdest du machen, wenn du dein Leben noch einmal leben könntest?

(5) Würden Sie bitte die Heizung anmachen?

☞**外交話法**　🔊)) 108

依頼を表す文などで, 接続法第2式を用いて, それがまるで非現実であるかのように
表現することで, 丁寧で控えめな言い方になります。
このような表現方法を外交話法といいます:

Ich hätte eine Frage.	質問があるのですが。
Ich hätte gern 300 Gramm Schinken.	ハムが300gほしいのですが。
Würden Sie mir bitte das Salz geben?	塩をとっていただけますか?
Könnten Sie bitte die Tür aufmachen?	ドアを開けていただけますか?
Ich möchte ein Glas Wasser haben.	水を一杯いただきたいのですが。

3 例にならって非現実を表す一文に書き換え，できた文を日本語に訳しなさい。

例：Ich habe kein Geld. Deshalb kaufe ich das Buch nicht.
→ Wenn ich Geld hätte, würde ich das Buch kaufen.

(1) Eva hat kein Geld. Deshalb kauft sie diesen Schal nicht.

(2) Wir haben keine Zeit. Deshalb gehen wir nicht ins Theater.

(3) Der Alpinist ist nicht jung. Deshalb steigt er nicht auf den Berg.

(4) Ich hatte Fieber. Deshalb habe ich dich nicht besucht.

(5) Peter war nicht fleißig. Deshalb ist er in der Prüfung durchgefallen.

4 カッコ内の語を用いてドイツ語に訳しなさい。 🔊 109

(1) 私にいま時間があれば、喜んで君を手伝うのだが。 (Zeit, helfen, gern)

(2) 彼にメールするのをあやうく忘れるところだった。
(beinahe, vergessen, eine SMS schicken)

(3) 窓を閉めていただけますか？ (Fenster, zumachen)

会話 Konversation 🔊 110

A: Was würdest du machen, wenn du eine Million Euro hättest?

B: Dann würde ich natürlich eine Weltreise machen.

A: 100万ユーロ持ってたとしてら何する？
B: もちろん世界一周旅行をするよ。

14

おもな不規則動詞の変化表

不　定　詞	現在人称変化	過去基本形	接続法第2式	過去分詞
beginnen 始める，始まる		**begann**	begänne (begönne)	**begonnen**
bieten 提供する		**bot**	böte	**geboten**
binden 結ぶ		**band**	bände	**gebunden**
bitten 頼む		**bat**	bäte	**gebeten**
bleiben とどまる		**blieb**	bliebe	**geblieben**
brechen 破る	*du* brichst *er* bricht	**brach**	bräche	**gebrochen**
bringen もたらす		**brachte**	brächte	**gebracht**
denken 考える		**dachte**	dächte	**gedacht**
dürfen ～してもよい	*ich* darf *du* darfst *er* darf	**durfte**	dürfte	**gedurft** (dürfen)
essen 食べる	*du* isst *er* isst	**aß**	äße	**gegessen**
fahren (乗り物で) 行く	*du* fährst *er* fährt	**fuhr**	führe	**gefahren**
fallen 落ちる	*du* fällst *er* fällt	**fiel**	fiele	**gefallen**
fangen 捕まえる	*du* fängst *er* fängt	**fing**	finge	**gefangen**
finden 見つける		**fand**	fände	**gefunden**
fliegen 飛ぶ		**flog**	flöge	**geflogen**
geben 与える	*du* gibst *er* gibt	**gab**	gäbe	**gegeben**
gehen 行く		**ging**	ginge	**gegangen**
gelingen うまくいく	*es* gelingt	**gelang**	gelänge	**gelungen**
genießen 楽しむ		**genoss**	genösse	**genossen**

不 定 詞	現在人称変化	過去基本形	接続法第2式	過 去 分 詞
geschehen 起こる	*es* geschieht	**geschah**	geschähe	**geschehen**
gewinnen 得る		**gewann**	gewänne (gewönne)	**gewonnen**
graben 掘る	*du* gräbst *er* gräbt	**grub**	grübe	**gegraben**
greifen つかむ		**griff**	griffe	**gegriffen**
haben 持っている	*du* hast *er* hat	**hatte**	hätte	**gehabt**
halten つかんでいる	*du* hältst *er* hält	**hielt**	hielte	**gehalten**
hängen かかっている		**hing**	hinge	**gehangen**
heißen 〜と呼ばれる		**hieß**	hieße	**geheißen**
helfen 助ける	*du* hilfst *er* hilft	**half**	hülfe (hälfe)	**geholfen**
kennen 知る		**kannte**	kennte	**gekannt**
kommen 来る		**kam**	käme	**gekommen**
können 〜できる	*ich* kann *du* kannst *er* kann	**konnte**	könnte	**gekonnt** **(können)**
laden 積む	*du* lädst *er* lädt	**lud**	lüde	**geladen**
lassen 〜させる	*du* lässt *er* lässt	**ließ**	ließe	**gelassen**
laufen 走る	*du* läufst *er* läuft	**lief**	liefe	**gelaufen**
lesen 読む	*du* liest *er* liest	**las**	läse	**gelesen**
liegen 横たわっている		**lag**	läge	**gelegen**
mögen 好きである 〜かもしれない	*ich* mag *du* magst *er* mag	**mochte**	möchte	**gemocht** **(mögen)**
müssen 〜しなければならない	*ich* muss *du* musst *er* muss	**musste**	müsste	**gemusst** **(müssen)**
nehmen 取る	*du* nimmst *er* nimmt	**nahm**	nähme	**genommen**

不　定　詞	現在人称変化	過去基本形	接続法第2式	過　去　分　詞
nennen 名を言う		**nannte**	nennte	**genannt**
raten 助言する	*du* rätst *er* rät	**riet**	riete	**geraten**
reiten 馬に乗る		**ritt**	ritte	**geritten**
rufen 呼ぶ		**rief**	riefe	**gerufen**
scheinen 〜に見える，輝く		**schien**	schiene	**geschienen**
schlafen 眠っている	*du* schläfst *er* schläft	**schlief**	schliefe	**geschlafen**
schlagen 打つ	*du* schlägst *er* schlägt	**schlug**	schlüge	**geschlagen**
schließen 閉じる		**schloss**	schlösse	**geschlossen**
schneiden 切る		**schnitt**	schnitte	**geschnitten**
schreiben 書く		**schrieb**	schriebe	**geschrieben**
schreien 叫ぶ		**schrie**	schriee	**geschrie[e]n**
schweigen 黙る		**schwieg**	schwiege	**geschwiegen**
schwimmen 泳ぐ		**schwamm**	schwömme (schwämme)	**geschwommen**
sehen 見る	*du* siehst *er* sieht	**sah**	sähe	**gesehen**
sein 〜である	*ich* bin *du* bist *er* ist	**war**	wäre	**gewesen**
singen 歌う		**sang**	sänge	**gesungen**
sinken 沈む		**sank**	sänke	**gesunken**
sitzen すわっている		**saß**	säße	**gesessen**
sollen 〜すべきである	*ich* soll *du* sollst *er* soll	**sollte**	sollte	**gesollt** **(sollen)**
sprechen 話す	*du* sprichst *er* spricht	**sprach**	spräche	**gesprochen**

不 定 詞	現在人称変化	過去基本形	接続法第2式	過 去 分 詞
stehen 立っている		**stand**	stünde (stände)	**gestanden**
steigen 登る		**stieg**	stiege	**gestiegen**
sterben 死ぬ	*du* stirbst *er* stirbt	**starb**	stürbe	**gestorben**
tragen 運ぶ	*du* trägst *er* trägt	**trug**	trüge	**getragen**
treffen 出会う	*du* triffst *er* trifft	**traf**	träfe	**getroffen**
treiben 追う		**trieb**	triebe	**getrieben**
treten 歩む	*du* trittst *er* tritt	**trat**	träte	**getreten**
trinken 飲む		**trank**	tränke	**getrunken**
tun する		**tat**	täte	**getan**
vergessen 忘れる	*du* vergisst *er* vergisst	**vergaß**	vergäße	**vergessen**
verlieren 失う		**verlor**	verlöre	**verloren**
verschwinden 消える		**verschwand**	verschwände	**verschwunden**
wachsen 成長する	*du* wächst *er* wächst	**wuchs**	wüchse	**gewachsen**
waschen 洗う	*du* wäschst *er* wäscht	**wusch**	wüsche	**gewaschen**
wenden 向ける		**wandte**	wendete	**gewandt**
werden 〜になる	*du* wirst *er* wird	**wurde**	würde	**geworden**
werfen 投げる	*du* wirfst *er* wirft	**warf**	würfe	**geworfen**
wissen 知っている	*ich* weiß *du* weißt *er* weiß	**wusste**	wüsste	**gewusst**
wollen 〜したい	*ich* will *du* willst *er* will	**wollte**	wollte	**gewollt** **(wollen)**
ziehen 引く		**zog**	zöge	**gezogen**

阿部 美規（あべ よしのり）

富山大学准教授

やさしいドイツ語 初級文法
ⒸGrundgrammatik des Deutschen
Mit Übungen und Konversationsbeispielen

2024 年 2 月 1 日 初版発行 定価 2,300 円（税別）

著　者　阿　部　美　規
発行者　近　藤　孝　夫
印刷所　株式会社坂田一真堂
発行所　株式会社 同　学　社
〒 112-0005 東京都文京区水道 1-10-7
電話代表 03（3816）7011・振替 00150-7-166920

製本：井上製本所　　組版：高本麻美子
ISBN 978-4-8102-0896-2　　Printed in Japan